Salvatore Sciannamea

Mi baci con i baci della sua bocca

Salvatore Sciannamea

Mi baci con i baci della sua bocca

Preghiera e spiritualità: il respiro di Dio per l'anima

Edizioni Sant'Antonio

Impressum / Stampa
Bibliografische Information der Deutschen Nationalbibliothek: Die Deutsche Nationalbibliothek verzeichnet diese Publikation in der Deutschen Nationalbibliografie; detaillierte bibliografische Daten sind im Internet über http://dnb.d-nb.de abrufbar.

Informazione bibliografica pubblicata da Deutsche Nationalbibliothek (Biblioteca Nazionale Tedesca): la Deutsche Nationalbibliothek novera questa pubblicazione su Deutsche Nationalbibliografie. Dati bibliografici più dettagliati sono disponibili in internet al sito web http://dnb.d-nb.de.

Coverbild / Immagine di copertina: www.ingimage.com

Verlag / Editore:
Edizioni Accademiche Italiane
ist ein Imprint der / è un marchio di
OmniScriptum GmbH & Co. KG
Heinrich-Böcking-Str. 6-8, 66121 Saarbrücken, Deutschland / Germania
Email / Posta Elettronica: info@edizioni-ai.com

Herstellung: siehe letzte Seite /
Pubblicato: vedi ultima pagina
ISBN: 978-3-639-60612-6

MI BACI CON I BACI DELLA SUA BOCCA

PREGHIERA E SPIRITUALITÀ: IL RESPIRO DI DIO PER L'ANIMA

Michele Ficarazzo (07.01.1975 - 29.07.2006), *Speranze all'orizzonte* (2003)

Dedicato a coloro che, attraverso il mio nulla,
si lasciano incontrare dall'Amato.

PREMESSA

Mi piace iniziare ispirandomi all'opera del pittore iper-realista Michele Ficarazzo *Speranze all'orizzonte* e immaginare Dio che ha scritto una lettera all'uomo, la Bibbia, chiamata ad entrare nel nostro cuore per illuminare il nostro cammino. Mi piace interpretare quella bottiglia come l'umanità che quando accoglie quel messaggio, diviene trasparenza dello stesso per leggere dentro di sé quello che il Signore ha scritto dall'eternità. L'uomo quando accoglie la Parola si fa riflesso della stessa e il cammino esistenziale diviene non un vagabondaggio, ma un pellegrinaggio.

La vita spirituale è vita di amore. Diviene intimità profonda come nell'adorazione di cui il bacio è espressione visibile. Il bacio è una comunione di respiri, o meglio, diviene il luogo di un unico respiro comunionale; è un segno di amore partecipato di un mistero incomprensibile ed ineludibile. La bocca, le labbra comunicano sensibilità, attenzione ed amore. Il bacio di Dio è la spiritualità. L'uomo è integralmente adombrato dalla spiritualità perché avvolto dal bacio di Dio. Ad-orare viene dal latino, portare alla bocca. Dio viene portato alla bocca, si fa intimo di ognuno di noi. Dio ha comunicato il suo soffio all'argilla e siamo diventati anima vivente. L'anima ricerca quel respiro, lo Spirito che passa dalla bocca di Dio. Questo testo allora è un invito a rientrare nella propria anima per riscoprirsi respiro di Dio e nell'anima di Dio, che sa di uomo perché l'uomo è divino, ma soprattutto perché l'umanità in pienezza abita in Dio, nel figlio Gesù, vero uomo e vero Dio.. Dio soffre nel suo animo quando ciò che Lui ha animato, le sue creature, sono lontane da Lui. Ritornare a Lui dunque per ritornare a noi ed ai nostri fratelli. Ritornare a noi stessi, rientrare dallo smarrimento per ritrovare i nostri fratelli. Essere ri-animati da quel bacio di cui abbiamo bisogno per essere vivi. Non sopravvivere ma vivere, che diviene sinonimo di amore perché ne partecipiamo. Tutta la teologia tomista è un continuo richiamo a questa partecipazione creaturale nell'uomo dell'essere divino. Tornando al bacio lasciamoci ispirare dall'umanità di questo gesto.

I baci hanno ispirato canzoni, sogni, storie, letteratura. È il bacio di Dio ad ispirarci la preghiera, ispirazione che non viene da noi, ma che è soffio divino, il santo Spirito. Lasciamoci avvolgere dunque da queste riflessioni che sono parole condivise, alla luce della Parola di chi ci bacia, delle parole di chi si è lasciato baciare, come hanno fatto i grandi santi e mie nel desiderio di questo anelito che libera, redime e salva perché è amore. Sia la preghiera questo luogo, l'intimità dell'amore con Dio, fonte e culmine di ogni amore perché chi ama, lo sappia o no, sta facendo la sua volontà. Quanto sarà bello scoprire un giorno quanti hanno pregato il vero Dio, pur non sapendolo attraverso il loro sacrificio.

Valga dunque anche per noi l'adagio del Cantico dei Cantici: *Mi baci con i baci della sua bocca! Sì, migliore del vino è il tuo amore*[1].

Questo testo nasce dalla possibilità di offrire al lettore la mia esperienza e il mio vissuto di preghiera alla luce di una riflessione la cui fonte è la Parola. Evidentemente tale contributo si lega alla possibilità del desiderio di vivere una esperienza con il Signore.

Un detto rabbinico dice che "*vale più un grano di pepe che un cesto di cocomeri*".

Parto allora dall'humus della vita spirituale che è l'umiltà, il terreno nel quale piantare il seme della fede.

Per una cultura dell'obbligo e del precetto, spesso si rischia di confondere la preghiera con un dovere verso il Signore e non come il luogo della grazia di Dio.

È innegabile, evidentemente, una dimensione ascetica della preghiera fatta di esercizio, di costanza e di impegno personale, ma non bisogna scordare che il pregare è un dono di Dio, il luogo attraverso il quale si entra nella sua vita, si partecipa del suo Spirito.

---

[1] Ct 1, 2

INTRODUZIONE

Pregare vuol dire fare esperienza di comunità. Come in una famiglia si vive la relazione, la preghiera mi porta ad una dinamica relazionale. La vita Trinitaria è vita relazionale che viene partecipata all'uomo mediante la preghiera. Pregare vuol dire allora entrare nella vita di Dio, lasciarsi guidare dal suo Spirito, ascoltare ciò che lo Spirito dice, anelare a ciò che Lui vuol da te.
Si può sperimentare la relatività del tempo pregando: Einstein diceva che a chi sta a parlare un'ora con una bella donna sembra di vivere cinque secondi e stare cinque secondi su una stufa calda dà l'idea di aver passato un'ora. Nella preghiera si può vivere la stessa esperienza. Il tempo può essere relativizzato perché si entra nella dimensione di Dio.
I padri della chiesa, i santi e tanti uomini di Dio fanno notare, come anche la stessa Scrittura, che tutto il creato partecipa ad una dimensione relazionale con Dio, come in una preghiera. La creatura più alta del cosmo e dell'universo è l'uomo, è lui capace di Dio, perché porta l'impronta della sua sostanza più di ogni altro in quanto sua immagine e somiglianza[2].
Talvolta un rischio che si corre è di voler fare di Dio la nostra immagine e somiglianza, quasi ad obbligarlo a giustificare i nostri appetiti, per tacciare la coscienza dicendo che i nostri desideri o le nostre inclinazioni sono la sua volontà. Quante preghiere vengono fatte secondo il nostro cuore e non secondo il cuore di Do. Siamo chiamati allora ad entrare nella comunione spirituale che è autentica comunione con Dio, che è pensare, sentire e desiderare ciò che a Lui appartiene.
Riempirsi di Dio chiede di svuotarsi non per il vuoto, ma per sperimentare una assenza che si fa presenza nel Signore. L'assenza non è il vuoto, l'assenza è lo spazio possibile di una presenza che può visitare l'anima e significarla. Nella preghiera si può sperimentare l'assenza che è buio, ricerca, ma non il vuoto, perché ha in sé il desiderio di Dio. Come ricorda sant'Agostino al fondo della nostra inquietudine c'è una solo risposta: Dio.
Spesso nella nostra vita ci fermiamo alle apparenze. Anche nella spiritualità mi sembra che questo rischio sia reale. Si confonde la vita spirituale in quanto tale con le cose spirituali. Allora ci può essere il pettegolo, l'invidioso, attaccato al denaro, geloso, pieno di sè, profondamente egoista, infantile che viene definito spirituale perchè trascorre tante ore in chiesa o nella vita va dietro a devozioni o a cose del genere. La persona spirituale invece più che fare questa devozione o quella preghiera è colui che vive alla presenza del Signore, la cui volontà viene prima di qualunque altra cosa. La vera spiritualità illumina l'intelligenza, non la deprime, spingendo l'intelletto ad acquisire una capacità di lettura guidata dallo Spirito Santo. Gli occhi acquisiscono un modo diverso di vedere, il modo di guardare perbenista e farisaico cambia. Mi piace definire lo Spirito anarchico, nel

[2] Cf. Gn 1, 27

senso di libero. Lo Spirito è libero, può rendersi presente lì dove nessuno oserebbe immaginare. Sappiamo che in un modo tutto particolare è donato alla Chiesa di cui è l'anima. Senza lo Spirito la Chiesa sarebbe soltanto una istituzione morta ed inutile. Lo Spirito illumina le facoltà spirituali, è Lui che ispira al mondo divino e ci sopraeleva alle verità di Dio. Lo Spirito di Cristo è lo Spirito che ci guida, nella preghiera, all'incontro con il Signore, che alimenta la nostra spiritualità, immergendoci nell'intimità con il Cristo. Lo Spirito è il bacio di Dio, L'anima è fatta per lo Spirito, richiede Lui. Una persona che non coltiva la vita spirituale rischia di fermarsi ad una visione di sè psico-somatica denigrando l'integrità del suo essere, della sua umanità. Nella nostra società sempre più si parla di animali e meno di uomini, conseguenza questa di un'esistenza de-spirituale, lì dove Dio è stato relegato nell'ombra e nell'abbandono. L'uomo non è soltanto intelligenza o istinto, qualità che troviamo anche nel mondo animale, ma è soprattutto l'essere capace di Dio, in quanto sua immagine e somiglianza. Ricentrare la vita Spirituale vuol dire ridare all'uomo la sua dignità, riportare al centro la sua grandezza dopo i disincanti illusori delle grandi ideologie. Lo Spirito è eterno e la vita umana è fatta dall'eternità per l'infinito, viene dall'Amore ed anela ad esso. Tornare allo Spirito significa allora tornare all'eterno, alla fonte ed alla radice più intima del nostro essere. La preghiera diviene allora non il dovere del cristiano, ma l'esigenza profonda ed il bisogno autentico che ci porta alla radice della nostra origine, del nostro vivere e del fine per il quale esistiamo. Se non preghiamo rischiamo di smarrirci, di perdere noi stessi. Se non preghiamo, in altre parole, non siamo quella meraviglia unica ed irripetibile che è ognuno di noi.

CAPITOLO I

GLI ATTEGGIAMENTI DELL'UOMO NELLA PREGHIERA

Da sempre il linguaggio umano con la divinità ha assunto caratteristiche particolari per ciò che concerne la comunicazione. Il linguaggio religioso si fa simbolico, paraverbale, semiotico, personale comunitario ecc. Qui mi soffermo a riflettere in maniera molto semplice su quegli atteggiamenti che permettono, nella tradizione cristiana, di fare esperienza del Dio che si è chinato sugli uomini facendosi egli stesso carne. Gli atteggiamenti umani sono fondamentali, sono un po' come la finestra che se viene aperta permette alla luce di entrare. Tali atteggiamenti possono lasciare la possibilità all'uomo di fare esperienza del Dio della bellezza e della vita che viene per salvare e redimere.

1.1 IL SILENZIO IN ASCOLTO DELLO SPIRITO

Dovrebbe far riflettere il silenzio nella preghiera. Per come è la nostra società, caratterizzata da corse, ritmi estenuanti, possiamo tutti constatare come il rumore che incontriamo giornalmente viene ad abitare il nostro essere, la nostra interiorità.

Non posso ascoltare qualcuno se non c'è silenzio, non posso comprendere quello che mi dice se mi trovo nel rumore. Ligabue in un suo testo parlava di traffico nell'anima. Il traffico è fonte di tensione, nervosismo, mette alla prova la tolleranza e toglie la pace. Non è quello il luogo ideale per avere dei bei ricordi, costruire un'amicizia o esprimere all'altro qualcosa di profondo e veramente significativo. Bisogna uscire dal traffico, le parole d'amore, ci ricordano gli innamorati, si sussurrano in luoghi deserti e silenziosi.

Dopo il nervosismo, la tensione che mi ha generato il traffico, ho bisogno di tempo, per recuperare la tranquillità interna con il mondo esterno, così anche nella preghiera dovrò recuperare il silenzio interiore attraverso quello esterno.

L'incontro con il Signore chiede un ritorno all'ordine, una purificazione interiore per poter ascoltare la voce di Chi ama, di Chi sussurra l'amore al cuore. Immaginiamo un mare in tempesta. Tutto ciò che sta a fondo tende ad essere portato sopra e si perde la limpidezza del colore. Per avere nuovamente un mare limpido non basta che finisca la tempesta, ma soprattutto che ogni cosa portata su torni al fondo. Per la vita spirituale avviene qualcosa di simile. Il traffico crea disordine, confusione. La confusione è un fondere insieme tutto ciò che si ha dentro senza alcun ordine, armonia e bellezza. Bisogna far sì che a giusto tempo, con il silenzio tutto possa posarsi per aver la possibilità di mettere in ordine ogni cosa. Per fare questo è importante essere liberi. È importante prendersi la libertà di riconoscere che ci sono troppe cose del nostro io che ci sfuggono, che abbiamo bisogno di catalogare aspetti della nostra interiorità proprio come fa una bibliotecario con i libri. È importante inoltre essere pazienti con sé stessi, liberarsi dalle malinconie che non aiutano. Spesso fuggiamo da noi stessi perché tendiamo ad essere i peggiori giudici del nostro mondo interiore. Quanto bene fa il silenzio, quanta luce dà e soprattutto quanto è liberante! Ma accanto al silenzio, atteggiamento umano, dobbiamo lasciare spazio al luogo dove Dio chiede di dimorare, il cuore, luogo spirituale, che chiede di essere abitato dal Signore attraverso il suo Spirito.

La preghiera è esperienza spirituale. È bene invocare lo Spirito ogni volta che ci si pone alla presenza del Signore, perché non i nostri desideri, emozioni e sentimenti possano prevaricare con la conseguenza di incontrare il nostro io, ma sia lo Spirito a sopraelevare la nostra intelligenza alla sapienza divina ed il nostro cuore alla carità del Cristo. Lo Spirito ha accompagnato sempre la vita tutta di Gesù dal suo concepimento, al Battesimo, dalla sinagoga di Nazareth al ringraziamento al Padre, come quando esulta nello Spirito per i piccoli ed i poveri. Morendo in croce, ricorda l'evangelista Giovanni, emana lo Spirito e risorto, nel cenacolo, lo dona per la remissione dei peccati. È lo stesso Spirito che opera in noi quando preghiamo ed è lo stesso che permette la tentazione, poiché Lui condusse Gesù nel deserto affinché fosse provato. Lo Spirito di Cristo è lo Spirito della Chiesa, quello stesso che invochiamo quando preghiamo. È lo stesso Spirito, dirà Paolo, che ci fa riconoscere nell'uomo Gesù il Signore[3]. Il Dio che nello Spirito crea[4] è lo stesso che nello Spirito salva[5]. Chi prega è inabitato dallo Spirito, che fa dell'orante il luogo della sua dimora. È bello vedere come nell'iconografia orientale questo elemento è ripreso attraverso la rappresentazione del collo, luogo del respiro, sproporzionalmente rappresentato per evidenziare al presenza dello Spirito.

Un uomo abitato dallo Spirito, pieno di Lui, era S. Giovanni Battista. La sua straordinaria umiltà ci aiuta a comprendere che la consapevolezza dei doni di Dio diventa tale nella misura in cui impariamo a farci piccoli.

1.2. L'UMILTÀ

Il termine è molto interessante perché non porta in sé soltanto la radice di terreno (humus), ma anche la radice di uomo (homo). È ancora più interessante scoprire come la radice è la stessa per la

---

[3] 1 Cor 12, 3.
[4] Cf. Gn 1, 3
[5] Cf. Gc 1, 21

parola umorismo. È umorista chi non si prende troppo sul serio, chi non è arrogante e orgoglioso.
Che bel terreno quello dell'umiltà! Quante cose può imparare un cuore umile!
E chi è umile se non chi si mette al servizio?
Ecco, come gli occhi dei servi così i nostri occhi sono rivolti al Signore[6]
Il servo non conosce ore, premi, tempi, ricompense; la sua donazione è totale e libera.
Nessun profitto, capitalismo o prestigio. La ricchezza qui consiste nel servizio, non nel guadagno, perché servire la vera ricchezza, vuol dire essere ricco.
Colui che serve è fedele
E che cosa è la fede? Fede: donazione del tutto come risposta
La totalità, la gratuita e l'incondizionatezza dicono la verità di un dono totale. Ho scoperto come nella fede dei grandi santi queste condizioni sono presenti. Dio va amato per sé, in verità, libertà e completezza. Entrare in questo respiro permette di vivere una fede disincantata, solida, autentica ma soprattutto purificata, una fede che ha a che fare seriamente con il mistero della conversione
Il fedele è alla ricerca di Dio anche se nei gesti minimi.
Servizio generoso, donazione piena e fedele: queste sono le sue caratteristiche.
Né chi pianta, né chi irriga fa crescere, ma il Signore[7].
Tale considerazione appartiene a chi entra nel respiro di Dio. I protagonisti non sono gli uomini, lo Spirito. Madre Teresa di Calcutta lo aveva capito bene definendosi come matita di Dio. La risposta del fedele non è allora emersione di santità, ma sommersione di misericordia.

Ogni vero atteggiamento deve essere caratterizzato dall'umiltà. L'umiltà non è annientamento di sé, non è una forma di umiliazione, ma in realtà aiuta ad avere consapevolezza del proprio io. La vita ci fa passare da tante umiliazioni e l'umiltà molte volte si impara da ciò. Se solo una tale consapevolezza imparassimo ad acquisirla per virtù e non per necessità ci risparmieremmo tante sofferenze. Il Signore guarda in maniera benevola l'umiltà del peccatore ed allontana da sé l'arroganza del giusto[8].
L'umiltà cristiana non è abbassamento, ma al contrario innalzamento. Con il proprio io non si va da nessuna parte, si resta poveri. Nell'umiltà si impara a fare spazio all'altro, si diventa forti e solidi. La solidarietà si costruisce insieme, per questo è solida.

---

[6] Sal 123, 1-2

[7] 1 Cor 3, 7
[8] Cf. La parabola del fariseo e il pubblicano. Lc 18, 9-13

Dio non ci toglie nulla, vuole donarci tutto. Per lasciare spazio a tale bene, siamo chiamati a farci umili dinanzi a Lui. L'umiltà può portarci a farci vuoti del nostro io, affinché possiamo essere riempiti dello stesso Spirito di Dio.

Possiamo dire che l'amore in quanto tale è umile. Dio che è amore, come ci ricorda l'evangelista Giovanni, nel suo Figlio è umiltà. Essere umili allora nella preghiera è già dunque partecipare a quel dialogo d'amore che è Dio stesso. Umile accoglie chi si fa umile affinché l'incontro sia autentico e vero. L'umiltà permette allora l'incontro con Dio.

Tutto ciò che ho e sono è dono del suo amore, dono gratuito[9].

A volte nel proprio percorso di fede si avverte la necessità di avere un percorso ecclesiale. Tante volte il dono della fede può fare proprio uno sguardo ideologico rallentando l'incontro autentico del Signore e del fratello. Chi mi ha fatto conoscere Gesù, chi mi ha aiutato a pregare, chi mi ha fatto scoprire la bellezza della spiritualità diventa l'assoluto ed il tutto. Allora il movimento, l'associazione, la devozione particolare, quel gruppo diventano il tutto. Questo vuol dire confondere il mezzo con il fine. Dio è come un sole ed i suoi raggi infiniti. Le spiritualità possono richiamare questi raggi, ma non confondersi con il sole. Il sole è Dio. Dio si è fatto incontrare attraverso persone, gruppi, ma quei gruppi non sono Dio. Questa sarebbe idolatria. È bello invece scoprirsi in cammino, con tanti altri fratelli e sorelle. Ogni spiritualità dunque è chiamata all'origine, allo Spirito per riscoprire come ognuna è dono dello stesso. La diversità alla luce di ciò non diviene il luogo dello scontro. È assurdo dividersi in nome del bene per l'incapacità di un autentico discernimento. Un altro rischio che va evitato è quello della omologazione e della confusione. Fondere insieme o appiattire ogni cos è un male. La stessa Sacra Scrittura ci racconta in maniera positiva come fin dall'inizio, salvaguardando le verità fondamentali, c'erano più modi per intendere l'unica Chiesa ed il suo annunzio.

La spiritualità allora è entrare nello Spirito di Cristo e nello Spirito della Chiesa senza avere pretese di essere migliori degli altri. Il rischio del fariseismo può essere sempre alle porte se non nella stanza del cuore.

Gesù si da senza misura affinché l'uomo si dia senza misura. Qualcuno ha scritto che la misura dell'amore è l'amore senza misura: è vero guardando alla misura di Cristo, misura d'amore incommensurabile poiché la sua umiltà è stata tale da divenire totale umiliazione, annientamento, annichilimento.

Come diceva s. Giovanni della Croce: per avere tutto non bisogna desiderare nulla. È l'annientamento di Cristo che ci dona il tutto e lo fa dominatore, Signore di una signoria che chiede di spendersi in ogni cuore[10].

---

[9] Cf. 1 Cor 4, 7.

[10] Gesù blocca le attese eccessive. Cf Fil 6, 2-11.

Porci dinanzi a Dio ci richiama la coscienza della nostra povertà e di come il Signore ama i peccatori. È bene ricordarci, alla luce della Parola, che Dio ama i poveri, in cui si manifestano le sue grandi opere[11].

La povertà dinanzi a Dio, alla luce della piena rivelazione, è la via della felicità che si apre e compie in Gesù Cristo.

La dimensione soteriologica la ritroviamo soprattutto nell'attenzione agli ultimi ed ai poveri. Il Sal 69 ad esempio potremmo definirlo un Te Deum antico. Dio è il difensore delle vedove ed il padre degli orfani, categorie a quei tempi più povere e bisognose.

I poveri nell'Antico Testamento sono gli anawim, alla lettera i curvi; uomini vittime dell'oppressione ed incapace di difendersi. Nel profeta Sofonia gli anawim sono quegli umili giusti, fedeli a Dio. I poveri allora non sono i miserabili, perché pur in tale condizione si può essere egoisti. Poveri sono gli uomini staccati interiormente e materialmente dal proprio egoismo, il cui io si apre alla fiducia in Dio. Allora diventano vere le parole del salmo sperimentando nella propria esistenza che Dio si prende cura dell'orfano e dell'affamato[12]. Ancora oggi, purtroppo anche nella Chiesa, c'è la sottile tentazione che il benessere, il successo e la prosperità sono quasi una forma di beatitudine dimenticando che Gesù scegli come felici gli sfortunati e sventurati che passano dalla povertà, dal dolore e dalla persecuzione. Gesù ci indica una direzione che è teologica poiché offre una legge dello Spirito che ci chiama ad essere uomini nuovi[13]. Gesù ci chiama a salire sul monte delle beatitudini nel cammino della vita, chiedendoci di sedere, cioè di fermarci ad ascoltare la sua Parola. Le beatitudini ci chiedono di farci anawim, di curvarci per il vangelo, di essere come erano i poveri ai tempi di Sofonia persone fedeli a Dio.

Nella Sacra Scrittura il tema del servizio è profondamente sentito come nella stessa teologia e spiritualità. Nel processo canonico per la beatificazione o santificazione il titolo "servo di Dio" indica un merito. Essere servi di Dio vuol dire appartenergli ed avere un titolo di merito. Servi di Dio sono Abramo, Mosè, i profeti, il Messia nei cinque canti di Isaia e la stessa Maria si definisce serva del Signore, non solo per umiltà, ma per il fatto che si pone nel cammino di quella redenzione iniziata da millenni. Il servizio diviene allora non solo il luogo di manifestazione del bene, ma l'ambito nel quale si delinea il senso di appartenenza a Dio, la caratteristica specifica di chi partecipa all'azione dello Spirito. Essere servi del Signore allora non vuol dire vivere la pratica della mortificazione, la mancanza di dignità umana o devozioni che allontanano l'uomo da sé stesso. Essere servi del Signore vuol dire entrare nella grandezza di uomini e donne meravigliose, persone rese tali dalla obbedienza, dalla piena adesione al volere divino. Servire dunque e mai

---

[11] Cf Lc 12, 37.Il Signore nel giudizio si farà servo di chi avrà servito sulla terra.

[12] Cf. Sal 10

[13] Cf. Discorso della montagna: Mt5-7

servirsi. Certo chi si fa servo talvolta si accorge di essere usato, ci si serve di lui. La cosa essenziale è la piena adesione al volere di Dio, cercare la sua volontà e porsi nelle sue mani in atteggiamento di povertà di Spirito.

1.3. COSCIENZA DI SÈ:LA LEBBRA DEL PECCATO

È il peccato che si fa limite, muro che ostacola l'incontro dell'amore di Dio e le sue manifestazioni. La lebbra del peccato trasfigura la nostra bellezza, ci toglie la pace, ci confonde con la falsità, umilia il nostro profondo essere e il nostro sentire. Il peccato deturpa la nostra immagine, sfalda le nostre relazioni e non ci rende capaci di Dio.

È molto interessare notare quello che fa S. Ignazio di Lojola riferendosi al peccato. Negli esercizi spirituali da lui pensati, che durano oltre un mese, la prima settimana è dedicata all'approfondimento ed alla consapevolezza del proprio peccato. Solo quando si conosce il male fino in fondo, lo si può rifiutare nella sua radice. La lebbra non fa male quando sei infettato nelle sue manifestazioni, farà male con il tempo, manifesterà le conseguenze di quel virus. È così per il peccato, sul momento non vediamo gli effetti disastrosi che compie dentro di noi, fuori di noi e nei confronti di Dio.

Dinanzi a lui siamo come lebbrosi, ma la fortuna è che lui ama i lebbrosi. Lui può liberarci non solo dalle conseguenze della lebbra, ma dalla lebbra stessa. Non c'è nessuna malattia spirituale che può allontanarci dal suo amore. Il peccato, che come la lebbra in un corpo, trasfigura il nostro Spirito, non trasfigura il suo amore nei nostri confronti. Confessare il nostro peccato, porci dinanzi a lui nella preghiera così come siamo, presentarci con la nostra povertà nella preghiera è il primo passo per confessare il suo amore.

Se il peccato, come la lebbra ci umilia, l'umile consapevolezza del nostro essere ci avvicina alla sua misericordia.

Dare il cuore ai miseri: è questa la radice della parola latina misericordia. La misericordia di Dio è materna: nell'ebraico tale termine si riferisce alle viscere e all'amore che una madre prova e sente nei confronti di suo figlio. Solo facendo esperienza della miseria si può fare esperienza della misericordia. Non c'è nessuna miseria che può cancellare la misericordia, e nessun atto di misericordia che non avrà a che fare con la miseria umana. Dio ci insegna a vivere tale atteggiamento, ma sarà nostro soprattutto quando lo sperimentiamo esistenzialmente, solo così quella dimensione potrà diventare autenticamente nostra.

Quando l'uomo pecca sperimenta il dramma della tristezza. Il respiro della tristezza è desolante. Dio desidera la nostra gioia ed il nostro incontro con Lui quando è vero è in grado di trasformare la

desolazione in consolazione, la sfiducia in speranza, la tristezza in gioia. Credo che in questo sia necessario un atteggiamento umile da parte dell'uomo e cioè il desiderio di incontrarlo.
Dico questo perché si può usare un linguaggio ma portare nella propria interiorità contenuti esattamente opposti.
Sappiamo ad esempio che il bacio è segno di amore e di amicizia. Comprendiamo tutti però che il bacio di Giuda a Gesù aveva a che fare con altri sentimenti. È questo il tradimento del linguaggio dell'amore.
Allo stesso modo si possono fare le preghiere ma non incontrare Dio, si possono sapere tante cose sulla preghiera ma non sperimentarle. È un po' come un medico laureato in chirurgia che non ha mai fatto o partecipato ad un intervento.
La preghiera chiede come prerogativa dunque il desiderio e la consapevolezza di chi si vuole incontrare. Dio si rivela, si svela, scopre il velo che nasconde il suo mistero lì dove c'è il desiderio dell'uomo che lo cerca.
Un monito medioevale diceva che non si può amare ciò che non si conosce; allo stesso modo non si può incontrare chi non si ricerca.
È importante allora chiedersi prima di pregare: chi desidero incontrare? Chi sto cercando?
Come nella vita, quando un incontro supera la formalità e l'intellettualità o la conoscenza esterna e si fa esperienza esistenziale, quell'incontro cambia la tua vita, così possiamo dire che questo è soprattutto vero attraverso la preghiera.
Una delle condizioni che si sperimenta alla presenza del Signore nella preghiera è la propria impurità come per il profeta Isaia alla presenza di Dio[14].
Ma capita, a volte, che quando la fede è debole siamo in difficoltà: incapacità di gratitudine autentica, di afferrare il dono ricevuto e tenerlo, di dire grazie solo con la bocca ma non con il cuore.
Dinanzi al Signore siamo debitori di tutto. Dobbiamo essere come un bambino bisognoso di protezione.
A ciò si oppone Lucifero che porta non a Dio ma all'infelicità[15], a ciò si oppone la tentazione suprema di mettersi al suo posto, di voler essere come Lui.
È Dio che ha voluto essere come noi per donarci la sua stessa vita.
La preghiera, come l'Eucarestia, è un rendimento di grazie. Gesù tra il tradimento e la sua uccisione rese grazie. Non è nel bene che si rende grazie, ma soprattutto nel male, perché la fede opera tale miracolo.

---

[14] Cf. Is 6, 5
[15] Cf. Gn 2, 20

Lo Spirito di Dio che ci fa partecipare alla regalità di Gesù chiede il cambiamento per farci re, dominatori autentici della nostra esistenza. La capacità di governo, nella Scrittura, ha a che fare con i doni della sapienza e dell'intelletto. In questo la preghiera chiede non solo di liberarci dal peccato per entrare alla presenza del Signore, ma impegna anche a combatterlo. Come un buon generale ha bisogno nella lotta del consiglio e della fortezza, così anche noi nella lotta contro il male che ci spinge a sperimentare nuovamente quella lebbra che ci ha fatto tanto soffrire. Come credenti conosciamo il Signore facendo un'esperienza profonda di Lui nella preghiera scoprendo così il Santo Timore, cioè la sottomissione amorevole e fedele all'alleanza del suo amore per ognuno di noi.

1.4 IL DESIDERIO DELLA CONVERSIONE

Liberarsi dal peccato vuol dire anche uscire dalle false sicurezze, e implica un'immediata conversione.

Come il Cristo scendendo nel Giordano ha anticipato nel simbolo la discesa agli inferi ed è risalito, anticipando la risurrezione, allo stesso modo, in lui siamo liberati dal peccato e resi figli per i suoi meriti. La vera conversione all'ora è quella all'amore. Se il Padre ama il Figlio e Lui, l'amato, ci ama facendosi uno di noi, tutti siamo amati dal Padre e dunque a nostra volta siamo figli.

Se Gesù è solidale con i peccatori, non esiste peccatore che non ci appartenga come fratello.

La sintesi della vita di Cristo la vediamo figurativamente al Giordano e al Calvario. Egli si immerge nelle acque e nella morte, si squarcia il cielo e il velo del tempio, lo Spirito conferma il Figlio e viene effuso dalla croce, il Padre riconosce il Figlio ed è invocato dalla croce.

La nostra preghiera è di battezzati immersi nella Trinità, attraverso la morte e risurrezione di Gesù. Anche per noi i cieli si sono squarciati e ci è stato donato lo Spirito che ci fa riconoscere Dio come un papà. Allora nella vita spirituale non possiamo fare a meno di ricorrere continuamente al mistero della nostra salvezza ed al rapporto di preghiera dello stesso Gesù con il Padre suo.

Il battesimo è seme che crescerà facendosi albero della croce. Per parlare di conversione e liberazione dal peccato dunque non possiamo fare a meno della croce di Cristo.

È nel dono di sé che Gesù rivela il suo essere, aprendo la porta all'uomo. Il credente immergendosi in Gesù può essere innalzato con Lui.

La vocazione di Cristo al Giordano è stata quella di farsi fratello degli uomini. Non c'è conversione che non porta a riconoscere attraverso Gesù l'altro come un fratello che chiede di essere incontrato e prima ancora cercato. La lebbra del peccato, la sua maledizione[16], ha una porta di salvezza che è

[16]Cfr. Gal 3, 13; 2 Cor 5, 21

Gesù, Lui che non si vergogna di chiamarci fratelli[17]. In questa relazione Dio si converte a noi, il Padre di Gesù si fa Padre nostro.

La tomba del peccato è la culla della grazia, come nel Battesimo la conversione è liberazione dal peccato per una liberazione che si fa salvezza.

Dio non si ferma alla nostra immondezza, prova per noi benevolenza. Dio desidera che tutti siamo salvati[18] è per questo che è impellente la necessità della conversione a Lui perché questo gli causa una grande gioia.

La preghiera mi porta ad essere umile poiché Dio è umile. Cristo ha scelto la via dell'umiltà vincendo le tentazioni. Talora può accadere che dietro alle preghiere possano nascere visioni di sé fondate sulla superiorità ed arroganza. Si pensa che per il fatto che si prega si è migliori degli altri, si guardano le persone dall'alto in basso, si giudica facilmente il prossimo. Cristo poteva mostrare la sua grandezza, superiorità, lui più degli altri era vicino al Padre. La sua preghiera invece lo avvicina agli uomini. La vicinanza con Dio non allontana dal prossimo, più si ama Dio e più si comprende l'uomo e le sue fragilità. Si scopre la misericordia e la si fa propria. Quando giudico dovrei chiedermi se ho incontrato Gesù, il Cristo o il mio io. La preghiera cambia allora il modo di vedere. L'altro non è più qualcuno da cui difendermi, ma un fratello per il quale Cristo ha offerto il suo sangue, come per me. Il giudizio di Dio è misericordia e fino a quando il nostro giudizio non si fa misericordia è segno che non abbiamo incontrato Dio. Si possono dire tante cose di Lui, scrivere libri, ma in realtà non lo si conosce. Attenzione allora al giudizio perché è quello il segno che stiamo cadendo in tentazione ascoltando lo spirito desolante il cui frutto è la tristezza e la solitudine. Dio per il suo popolo nel deserto mandò serpenti velenosi per chi mormorava. Non si può mormorare del fratello dicendo di amare Dio perché saremmo ipocriti visto che quello è un suo figlio. Disprezzare il prossimo allora vuol dire disprezzare Dio stesso. Fin quando non cambiamo il modo di vedere gli altri possono cambiare i nostri pensieri su Dio, ma non è cambiato il nostro cuore nel suo volere. Allora gustare Dio mi porta ad una conoscenza sapienziale che mi spinge a gustare il prossimo e la sua presenza.

La preghiera può lasciare delusi perché possiamo andare incontro al Signore con delle richieste molto chiare e restare delusi. Non dobbiamo dimenticare che Dio è assoluto, termine che vuol dire sciolto. Egli è al di sopra di ogni nostro desiderio o merito. Dio non è un database da cui possiamo attingere questa o quella informazione che ci piace e ci consola, è una persona libera, è soggetto che può scegliere di non ascoltare le nostre suppliche per un imperscrutabile mistero della sua volontà. Dietro l'assenza, l'apparente abbandono c'è colui che ti ama, come ricorda Isaia, e non ti abbandona, che prova viscere di compassione e misericordia come una madre per un figlio. Come

---

[17] Cfr. Eb 2, 11
[18] Cf 1 Tm 2, 4

un figlio può sentirsi incompreso da un genitore, così può accadere con Dio, ma non per questo lui non c'è, ma c'è come quei bravi genitori che sanno accompagnare senza fare percepire la loro presenza.

L'iniziativa dell'amore appartiene a Dio. Se Cartesio diceva Cogito, ergo sim (Penso dunque esisto), mi trovo più vicino a chi aggiungeva una erre: Cogitor, ergo sum (Sono pensato, dunque esisto). È Dio che si prende cura di noi. Il Vangelo rende visibile questa verità quando Gesù, a differenza degli altri rabbì, sceglie i discepoli. Non più i discepoli scelgono il maestro, ma Lui, il Signore, prende l'iniziativa e sceglie l'uomo. È il primato di Dio, la sua iniziativa ad avere la meglio.

CAPITOLO II

LE FACOLTÀ SPIRITUALI: VIA, VERITÀ E VITA INCONTRO AL RISORTO

Per entrare nel mistero della spiritualità, dell'interiorità e della preghiera mi piace mettere in risalto le tre facoltà spirituali dell'uomo, secondo l'antropologia cristiana: l'intelligenza, la memoria e la volontà. Su tali facoltà hanno riflettuto grandi filosofi, santi e mistici.

L'uomo cerca la verità attraverso l'intelligenza, ha memoria di sé ed alla luce di ciò cammina sulla via esistenziale dell'esserci e con la sua volontà decide cosa fare della sua vita. Gesù si è manifestato come la via, la verità e la vita. Attraverso le facoltà spirituali, illuminate dalle virtù teologali possiamo camminare, vivere ed essere saldi nel vero, liberi dai vagabondaggi, smarrimenti ed illusioni.

2.1 LA FEDE E L'INTELLIGENZA

Ogni uomo che cerca la *verità* lo fa attraverso l'intelligenza. L'intelligenza mi aiuta a leggere dentro le cose o le situazioni.

È intellegibile ciò che si può conoscere, ma ogni conoscenza è un atto di fede. La stessa conoscenza scientifica definita oggettiva, alla luce della sua fenomenicità, in realtà chiede un atto di fede sulla indubitabilità del fenomeno stesso. Il termine fenomeno viene da una parola greca che vuol dire apparire. La conoscenza scientifica è dunque una conoscenza che si fonda su ciò che appare ai nostri sensi. Ai nostri soli sensi. La definizione di verità dunque non può consistere esclusivamente su una conoscenza esperienziale. Vi sono dunque verità scientifiche, ma anche psicologiche, morali e spirituali. L'intelligenza, alla base, per farsi sapienza, chiede di essere illuminata da un atteggiamento di fiducia. Ho fiducia nella scienza, nella psicologia o nella religione e dunque reputo vere delle affermazioni dando ragione a ciò che affermo. Da questo punto di vista, la fede è luce alla mente. La fiducia non va contro l'intelligenza, la sopraeleva portandola a compimento. Un vero cammino di fede dunque, fondato su una autentica spiritualità chiede di farsi itinerario teologico. L'intelligenza mia aiuta ad interpretare il mondo scoprendo in esso il frutto di un mistero imperscrutabile. La fede mi aiuta ad interpretare il Dio imperscrutabile per il dono spirituale che illumina l'intelligenza stessa nelle sue profondità che si apre allo spirito, al mistero, a Dio stesso. La fede è l'approdo dell'intelligenza più vero, perché ogni atto intelligente parte da una radice fiduciale, da un proprio vero atto di fede. La fede illumina l'intelligenza ma chiede anche, nella sua dimensione teologale, di andare oltre l'intelligenza. Se intelligenza vuol dire andare dentro, leggere all'interno, fede vuol dire abbandono totale. C'è una dimensione della fede che chiede la morte dell'intelligenza, il suo buio. Pensiamo all'esperienza mistica. S. Giovanni della Croce parla della notte dell'intelligenza per giungere alla fede purificata.

Nella vita spirituale passiamo dalla cecità della fede, alla luce che ci porta a riconoscere in Gesù il Signore della nostra vita. La conoscenza è graduale. È importante sapere di non vedere, riconoscere la propria cecità, sapere che non si è nella luce. Un atteggiamento contrario porterebbe ad una arroganza farisaica. Alla luce di queste riflessioni è interessantissimo il percorso del cieco nato nel vangelo di Giovanni: egli che è scomunicato dagli uomini, recuperata la vista ed incontrando nuovamente Gesù, diviene il modello dell'autentico credente. Per aprirsi a Dio bisogna essere dunque uomini in ricerca. La storia del cieco nato è l'itinerario di una conversione, di una illuminazione. Chi rigetta le acque della salvezza avrà la schiavitù[19]. Gesù è il lavacro che mi dona la luce della fede, facendomi andare oltre il tempo delle tenebre. La conversione fa passare dal buio alla contemplazione del ritratto di Dio, il volto del Cristo.

L'incontro che cambia i cuori permette la ragione della speranza che è nel cuore, la speranza seminata da Cristo[20].

2.2 LA MEMORIA E LA SPERANZA

Cammino per una *via*, so da dove vengo. La memoria di ciò che sono mi ricorda ciò che sono chiamato ad essere. Diceva giustamente Gregorio Magno, parlando del Battesimo: diventa ciò che sei. Il fatto di venire da quel fonte, di essere figlio di Dio, chiede di vivere da figlio. La memoria di ciò che si è spinge a camminare, a vivere e a camminare su una strada piuttosto che su un'altra.

Accanto all'intelligenza che serve per comprendere, c'è un'altra facoltà che serve per ricordare, cioè la memoria. Ricordare è un fare memoria. È la memoria a dirmi ciò che sono, a ricordarmi ciò che avrei voluto essere, nel disincanto della consapevolezza di ciò che sono. La memoria è fondamentale, è coscienza di sé, identità personale e collettiva. La memoria è il luogo della coscienza. Un uomo o un popolo senza memoria smarrisce sé stesso. Come diventeremmo se la smarrissimo! Eppure la memoria non basta a realizzare l'uomo. Ogni memoria deve fare i conti con le sue zone d'ombra, con le ferite, con ciò che si vorrebbe cancellare per sempre. La memoria chiede di essere alimentata ed allo stesso tempo superata. Viene alimentata dal desiderio che dice la

[19] Cf. Is 8, 5-7.Rifiutare le acque del Siloe, di Dio porterà il popolo di Israele ad incontrare le acque dell'Eufrate, le acque della schiavitù assira.
[20] Cf. 1 Pt 3, 15

nostalgia di ciò che manca. A livello teologale viene alimentata dalla speranza. La speranza cristiana però non è il desiderio dell'uomo, ma il sogno di Dio per Lui. La speranza teologale, il cui simbolo tradizionale è l'ancora, è il segno di fermezza e di approdo, nonostante tutte le tempeste della vita, che ci ricorda come c'è già la vittoria sul male e la signoria di Dio su ogni cosa, anche se tutto dovrà compirsi alla fine dei tempi. Non bisogna dimenticare che il decidersi per Gesù attualizza la vera divisione tra gli uomini. La vera persecuzione secondo il Vangelo prima di essere dei pagani o delle sinagoghe passa dai parenti o dagli amici. Essere fedele a Dio porterà a rinunciare al mondo, ma tale fedeltà porta alla salvezza delle anime. La sopportazione e la costanza alimentano dunque la vita spirituale. Nella mentalità pagana la fine è il termine. Noi non crediamo nella fine, ma nel fine della storia, la cui meta è Gesù. La preghiera è il luogo in cui impariamo la conversione, incontrando il Signore che ci dà tempo per convertirci, per operare scelte nuove. I testimoni di Cristo passano per la persecuzione. Ciò che ha annunciato Cristo nel Vangelo è stato pienamente confermato dalla Chiesa primitiva. La testimonianza associa al Cristo. Si diviene testimoni soltanto se si è intimamente uniti in Lui. Per essere testimoni c'è bisogno di preparazione, come per un atleta o come il riscaldamento per una ballerina prima della danza. Senza lo Spirito non si diviene testimoni. La figura di Stefano ci ricorda questa verità, egli pieno dello Spirito di Dio, è stato il primo a testimoniare il Signore fino all'offerta di sé.

2.3 LA VOLONTÀ E LA CARITÀ

L'altra facoltà interiore è la volontà. La volontà è dinamica, è guidata dalla ragione e permette di trasformare in atto ciò che viene concepito teoricamente. Anche la volontà è una facoltà chiamata a sopraelevarsi. La volontà sente profondamente il proprio io e tende a scegliere la propria persona. La volontà viene sopraelevata da un'altra virtù teologale che è la carità. La carità cristiana è una virtù che parla dell'amore totale, gratuito ed incondizionato. Dio è amore ed in Lui possiamo aprire la nostra volontà che è il suo amore.

Se la nostra volontà spesso ci porta a prevalere, a chiuderci in noi stessi, se è incline al soggettivismo, al calcolo la carità la orienta a cercare l'altro nell'uguaglianza, nella relazionalità autentica e l'unico calcolo diviene il come poter alimentare e fare il bene per rendere il prossimo felice. Approssimarsi è amare. Più che mancanza di amore dovremmo interrogarci interiormente sulla mancanza di incontri. Perché? Perché l'amore chiede di farsi prossimi, di approssimarsi. È comodo non amare perché l'altro è lontano, giustificando il nostro io, il nostro interesse autoassolvendoci. La carità ci spinge ad uscire da noi stessi. L'amore è l'esercizio spirituale più alto, ogni esercizio è finalizzato all'amore. Ma su cosa poggia l'amore.? La radice dell'amore è la solidarietà e la giustizia. Quanta gente fa ingiustizie e dice di amare! Costruire una casa senza fondamenta pensare di amare senza essere giusti! La vera carità chiede la giustizia sociale prima che i contenuti spirituali. La carità cambia il mondo perché cambia prima di tutto sé stessi. Il prossimo allora non è qualcuno da aspettare, ma il diverso, l'uomo qualunque verso il quale siamo chiamati ad approssimarci. La regola d'oro del Vangelo ci dice che dobbiamo amare il prossimo come se stessi. Qui diventa importante un altro passaggio. Quanto io mi amo? L'esperienza dice che proprio chi parla di sé, nasconde a se stesso un giudizio positivo. Dietro il proprio io ridondante c'è in realtà una pessima valutazione di sé. Non parliamo poi di chi si compiace di sé stesso, lì non c'è amore ma vuoto e desolante narcisismo. L'amore per sé passa per l'autentico riconoscimento della propria dignità. Sono figlio di Dio, fratello di Gesù, sono immagine e somiglianza di Dio, redento e salvato dalla passione, morte e resurrezione del Cristo. Sono membro della Chiesa, consacrato a Dio con unzione regale, sacerdotale e profetica. Ho una intelligenza per capire e una volontà per scegliere. Appartengo all'umanità che è la realtà creaturale più preziosa tanto che Dio stesso l'ha scelta nell'Incarnazione. Dopo ciò ho ricevuto dono particolari ed una vocazione all'amore. Posso essere sacerdote, consacrato, genitore, figlio; non importa cosa si è, lo stato di vita è la modalità per rispondere alla vocazione universale: l'amore. Amare, rispondere alla vocazione, vuol dire essere santi. La santità è felicità, è beatitudine. Amare genera entusiasmo, cioè ti fa essere in Lui. L'amore è effusivo e diffusivo, si moltiplica, è l'ontologia di Dio:Dio è amore. Se amiamo siamo in Lui. I cristiani, in quanto seguaci, seguono la via dell'amore, che non coincide con la via della croce, ma passa per essa perché la meta ultima è la santità. Nell'amore la croce, il dolore è la penultima parola, l'ultima è la gioia della vita nuova, la santità. Quando si ama non fa più paura la morte. Pensiamo a Maria Maddalena: nell'amore preferisce il cimitero a qualunque altro luogo, perché lì si trovava Colui che l'aveva amata autenticamente, rinnovandola e ridonandole la vera dignità di donna. Donna d'amore lei che cerca l'amato che aveva smarrito, fosse pure cadavere. L'amore non è fermato dalla morte nella sua ricerca, l'amore vincerà la morte per una ricerca, quella dell'uomo smarrito che non si fermerà più. L'amore vince la morte, vince le nostre morti, vince la paura. L'amore uccide la morte. L'amore risorge tutto, trasforma i cuori di pietra in cuori di carne, porta luce nel buio, trasforma i deserti dell'orgoglio e dell'egoismo nei giardini della gratuita, dell'accoglienza e della grazia. La graziosità della grazia, l'amorevolezza di chi ama: questa è santità. Ecco perché tutto passerà tranne che l'amore, perché l'amore è santo. Dio è amore, Dio è santo. Più saremo santi amando, più saremo nella santità di Dio Amore. Questo è veramente bello. Se vale la pena spendersi per qualcosa, questo vale sopratutto per l'amore. Ama e fa ciò che vuoi, diceva S. Agostino.

2.4 INCONTRARE IL RISORTO

La preghiera mi porta ad essere semplice perché mi aiuta a riconoscere la mia creaturalità facendomi meravigliare di come Dio mi renda capace di relazionarmi con lui. Scopro la meraviglia delle creature e sentirò nei loro confronti, da un lato un atteggiamento di meraviglia, e dall'altro un senso di profondo rispetto. L'incanto sperimentato alla presenza di Dio mi porterà a incantarmi dinanzi alle sue opere. Tale incanto però non sarà una fuga spiritualista, ma capacità contemplativa orientata a riconoscere la grandezza e la signoria di Dio. La preghiera, come conseguenza dell'incontro con Dio, tenderà a liberarmi dall'arroganza, tanto da assumere atteggiamenti semplici e buoni nei confronti del creato e del prossimo.

Le facoltà spirituali, sono illuminate, in un cammino graduale di scoperta e meraviglia, cammino che porta a scoprire la verità del Risorto ed a incontrarlo personalmente. Nella preghiera facciamo dunque esperienza del Risorto, come la fecero i discepoli di Emmaus

Spesso si possono trovare e vivere momenti particolari nel cammino di fede. Spesso con amici si possono affrontare questioni serie, non fondate sul vuoto e possono comparire persone che, come angeli, possono parlarci ed illuminarci sulle nostre risposte più profonde. Dio si fa compagno di strada ed assume il volto di un estraneo. Nella nostra vita abbiamo mete spaziali, ma quelle fondamentali sono quelle spirituali che ci illuminano, che ci fanno aprire gli occhi, che si fanno incendio dopo le scintille che possono essere presenti nel cammino stanco, faticoso, disincantato e senza speranza. È la meta spirituale che aiuta a riconoscere ed a ripensare il cammino spaziale, aiuta a reinterpretare ed a capire. Santa Teresa d'Avila diceva: "Ogni nostra oscurità trasporta con sé una gemma di luce". Per riconoscere Dio presente ed operante, nel cammino della preghiera, alimentando la spiritualità, non bastano gli occhi dell'intelligenza o uno sguardo attento all'impegno. Lo Spirito ci fa riconoscere lui, presente in tutto ciò. Lui sconosciuto si fa presenza in mezzo a noi. È bene dire a noi stessi chi sono gli sconosciuti oggi in mezzo a noi. Non basta avere gli occhi, c'è lo sguardo spirituale che mi porta a riconoscere il Volto, riflesso del Padre. Che bello sapere che Gesù è sulla mia strada, sulla strada di ogni uomo! Che consolazione sapere che ciò che mi è estraneo in ogni mio cammino, può rivelarsi come sua manifestazione! Il nostro cammino è luogo simbolico. Il vangelo di Luca ci parla di un cammino quello di Gesù, ma ci possono essere antisegnali. Quando prevale la delusione e viene meno la speranza, come per i discepoli di Emmaus, si possono prendere strade esattamente opposte. In ogni viaggio spirituale l'uomo con le sue crisi, i suoi dubbi non è solo. Spesso sono proprio i più vicini a non capirti, per i quali non riesci a fare proprio nulla per la loro durezza di cuore[21] Dio è colui che ci purifica dai nostri sogni, morendo in croce, insegnandoci un nuovo cammino. Nella rivelazione ci si accorge che le Scritture orientano a

[21] **Cf. Lc 4, 25-27.**

Cristo, ma è vero soprattutto il contrario, è il criterio ermeneutico, è lui che ri-orienta il senso delle Scritture. Il cammino viene orientato da colui che si è fatto pellegrino. Come la comunità credente ha fatto proprio quell'appello dei discepoli ad Emmaus, appello rivolto al Risorto, "Resta con noi Signore", così l'anima chiede che lo sposo dimori ed accetti la sua umile accoglienza, nella pochezza di sè. Siamo chiamati a condividere con Gesù la nostra mensa, offrendo ciò che abbiamo potremo ricevere ciò di cui veramente necessitiamo. Quanti incontri Gesù ha fatto a tavola e quante meraviglie vi ha operato! Basti pensare all'incontro con Levi ed i peccatori, alla peccatrice perdonata, alla moltiplicazione dei pani, alla scelta dei pasti ed a Emmaus[22]. Un salmo dice "*Mi ardeva il cuore nel petto; al ripensarci è divampato il fuoco*"[23]. Accade proprio questo quando, alla luce della Parola, nella preghiera, nell'intimità con il Signore si apre il nostro cuore, viene dissipato il dubbio, quando lo Spirito ci svela il senso del nostro essere, quando la nostra intelligenza si fa spirituale. Si esce, ci si allontana perché si tocca la crudezza della morte, ma si ritorna per incontrare e portare a tutti la gioia del Risorto. Il cuore della preghiera diviene allora riaffermare il kerigma[24], il cuore della fede, al nostro cuore, al nostro spirito perché tale gloria possa essere annunciata e partecipata. La preghiera cristiana è sempre adesione alla fede pasquale alimentata dalla Parola e dalla mensa comune eucaristica. Anche quando sembra essere assente, proprio allora è presente. La Parola, segno delle speranze ed attese, e la condivisione che contribuisce a riconoscere, suscitano la fede nel Cristo in un incontro tutto personale. Senza la luce della Parola, bisognerebbe chiedersi come si può incontrare bene il Signore. Si rischierebbe di avere una preghiera monca, che ignora degli aspetti fondamentali. Quante volte mi ha fatto riflettere l'espressione di S. Girolamo: "L'ignoranza delle Scritture è ignoranza di Cristo".

---

[22] **(Cf. Lc 5, 29-32; 7, 36; 9, 14-15; 14, 8; 24, 30)**
[23] **Sal 39, 4**
[24] **Cf. Lc 24, 34; 1 Cor 15, 4-5.**

CAPITOLO III

L'ALTRA FACCIA DELLAPREGHIERA: LA VITA

La relazione con Dio nell'incontro autentico trasforma la vita radicalmente, si diviene nuovi, rinnovati. La vita diviene luce illuminante capace di orientare e guidare.
Tale esperienza è stata dei santi, soprattutto dei grandi convertiti: un esempio mirabile è s. Agostino. E S. Paolo stesso è stato abbagliato dalla luce, passando dal buio della ignoranza della grazia alla luce nuova che l'ha travolto permettendogli di abbandonare l'uomo vecchio per essere creatura nuova. La preghiera spinge, entrando nella luce di Dio, a comprendere dal di dentro l'esperienza di Mosè che aveva il volto irradiante. La preghiera vera rende le persone radiose. Il cristiano in Dio sperimenta una trasfigurazione, il Tabor che incarnato si trasforma in carità, amore comunicato e radioso[25]. L'intelletto, cioè la capacità di vedere dentro le cose, senza fermarsi all'apparenza, la cui luce diviene gusto e conoscenza, cioè sapienza e forza dell'uomo, viene guidato nella sua volontà da una luce che è spirito di consiglio per discernere le mosse giuste soprattutto nel combattimento spirituale. Dio ha uno sguardo perforatore capace in Gesù di scendere negli inferi dove il buio è negazione stessa dell'umanità per ridare vita.
Nella luce allora si fa il giusto discernimento, riconoscendo il male si impara a scegliere Dio.
L'amore di Dio prima ancora di essere cercato fuori nella religione, nelle pratiche o preghiere lo si può incontrare in ciò che siamo, cioè nella nostra creaturalità. Creazione e salvezza: il popolo di Dio scopre il suo Signore creatore proprio perché liberatore e redentore. Sperimento la salvezza proprio nella coscienza creaturale. Dio creando salva. La salvezza diviene dunque il rinnovare la creazione.

3.1 GLI EFFETTI DELLA PREGHIERA

L'altro mi spinge ad amare. È nell'incontro con l'Altro che provo una spinta ad amare. La verifica di quest'incontro d'amore è il servizio generoso verso il prossimo. Non è il prezzo da pagare, è la conseguenza logica. Si passa da una vita di egoismo e superbia ad un approccio esistenziale solidale e caritatevole. Se il Paradiso è la gioia dell'eternità, tale gioia viene portata all'altro perché sperimentata nell'incontro con Dio. Da soli si può solo morire, amare è vita per tutti. La verifica dell'amore a Cristo è la tenerezza e la misericordia per i poveri. Ad ognuno è stata data una capacità

[25] Cf. Mt 5, 14-16.

per relazionarsi sanamente con gli altri, in una logica di dono e amore, nel carisma e nell'appartenenza a Cristo, nel corpo mistico che è la chiesa[26].

Allora posso continuare a pregare sempre come dice il Vangelo perché la vita si fa preghiera. Di S. Francesco è stato scritto che non pregava, ma che si è fatto preghiera.

La preghiera è relazione che porta all'autentica relazione con Dio. Il fine della preghiera è la consolazione. La consolazione che Dio da è felicità e pace. Quando la pace regna nel cuore il male si renderà presente attraverso il pensiero, viceversa quando c'è la conoscenza in Dio il maligno cercherà di togliermi la pace del cuore. Sentimenti e pensieri allora subiscono oscillazioni, destrutturazioni per un cammino di maggiore solidità e fiducia in Dio.

I frutti della preghiera sono quelli che Paolo definisce frutti dello Spirito come l'amore, la pace, la gioia. La preghiera mi aiuta a vivere relazioni di pace dove c'è la divisione, essere portatore di gioia dove abita la tristezza.

Eppure vi può essere una desolazione frutto della volontà di Dio, questo per ricordarci, come dicono i santi, che la sua consolazione è frutto della sua gratuità e non del nostro merito.

La vita spesso rischia di essere sprecata andando dietro a ciò che è illusorio, fallace e vacuo. Il rischio è che anche la vita spirituale possa essere coinvolta in tali modi di vivere. È per questo motivo che nella preghiera risulta fondamentale la vigilanza e la fedeltà. Spesso la preghiera è lotta, è fatica, monotonia. A livello immediato si può provare tanta stanchezza con il pensiero che nulla sia servito. Allora poco alla volta il rischio è quello di lasciarsi andare, di dire che non serve pregare e dunque sia meglio dedicarsi ad altro. I padri della Chiesa mettono in guardia da tale atteggiamento, Evagrio Pontico definisce l'accidia della preghiera "Demone meridiano". Il giudizio al termine della nostra vita sarà sull'amore. È bene interrogarci su come amiamo Dio. È bene prendere coscienza quanto tempo dedichiamo alla sua presenza. È interessante, da questo punto di vista, lasciarsi illuminare dalla parabola delle 10 vergini, immagine del giudizio ultimo, alla fine dei tempi quando egli verrà, definitivamente, per sempre, nella gloria. Una certa tradizione cristiana ha voluto vedere nell'olio, l'immagine della preghiera. Chi ha pregato, è stato vigilante, ha tenuto accese le lampade entra nella festa. L'attesa è ricompensata. Vegliare, pregare, non lasciarsi prendere dalla pigrizia, è già un andare oggi verso il Signore, tendere verso la sua venuta, andargli incontro. La gioia della festa, il matrimonio mistico, è già gustato nell'oggi. L'attesa preparata è già una corsa, il pregare è già intravvedere il Signore che viene ad incontrarci. Già oggi, pregando vivo l'incontro con il Signore, un incontro reale, che sarà pieno e definitivo alla fine dei tempi, quando il Signore Gesù ricapitolerà ogni cosa in sé e ristabilirà ogni cosa secondo il suo volere. Il Signore viene continuamente, tra la sua venuta nella carne a Betlemme e quella alla fine dei tempi nella gloria continua a visitarci nel mistero attraverso la Parola, i Sacramenti, la Parola e in maniera

[26] Cf. 1 Cor 12-13; Rm 12, 1-21.

libera, come solo lo Spirito sa fare. La sua presenza spirituale sarà piena nel giorno ultimo. La preghiera mi dona il gusto dell'attesa e mi fa vivere alla presenza di questo mistero d'amore. La presenza dell'amore di Dio è già salvezza nell'oggi. La creatura che si rivolge al suo creatore trova in tale relazione l'alleanza a cui Dio, il Signore non viene meno. Tale alleanza è esperienza di liberazione. La preghiera libera dal sé per aprirsi a Dio, donando al proprio io il criterio ermeneutico del reale, con una luce nuova, infusa che è spirituale. La preghiera mi fa vivere tale liberazione in modo pasquale, sperimento cioè la liberazione dalle tenebre del peccato per aprirmi alla grazia, dalla sfiducia con il dono della fede, dalla tristezza e disperazione con la luce della speranza, dal rancore e dal malessere con l'incontro di colui che ama totalmente, gratuitamente ed incondizionatamente. Prendere l'olio della preghiera per accendere la fiamma della carità, accesa nel silenzio del proprio cuore. La saggezza sta in questo rifornimento ed incontra con la Sapienza che dona gusto sulle nostre labbra quando si rivolgono a colui da cui tutto viene e tutto può. Sapere la preghiera, gustarla, alimentare il fuoco del proprio cuore. Questo è amore, intimità, tenerezza. In questa logica viene meno la parola per lasciare spazio ai battiti, quelli del cuore. Non suoni vocali, ma battiti di passione per colui che si appassionato all'umanità tanto che l'amore, se ha una logica, ha scelto quella della follia, fino all'annientamento di sé, follia del Creatore per la sua creatura, dell'Amato verso l'amata. Pregare è meraviglia! Un'esperienza di meraviglia tipica della Sacra Scrittura è la parola "ecco". Dio la dice in riferimento alle opere create, l'uomo la dice quando viene chiamato da Dio. "Eccomi!" è la risposta dei patriarchi, di Mosè, dei profeti, di Maria. È la risposta eterna del Figlio con il Padre: Eccomi, manda me! È la risposta in cui oggi i diaconi e i sacerdoti affermano prima della consacrazione. Ma quell'eccomi in risposta a Dio, meraviglia dell'uomo dinanzi al creato ed al mistero della redenzione, prima di essere detto con la bocca, è proclamato dal cuore. Dio ci parla nel silenzio della preghiera, ed è lì nell'intimità con il Signore che si giocano le scelte fondamentali della vita. Il Signore è più intimo di noi, che noi stessi. È nell'intimità del nostro cuore che lo Spirito ci mostrerà il volto di Dio nella sua infinita ed eterna misericordia. L'amore è vita, la vita è respiro, la vita è bellezza. Pregare allora vuol dire amare nello Spirito di Dio che rivela sè, fonte di Bellezza infinita e di meraviglia nuova in una Comunione eterna, vera risposta alla sete di infinito del cuore, gioia immensa e traboccante.

3.2 PREGHIERA E MISSIONE

Amore per il prossimo e amore per Dio spesso son sdoppiati nella nostra esperienza con dei distinguo che non appartengono alla logica dell'amore stesso. Due facce della stessa medaglia. La preghiera allora è amore di Dio come amore per il prossimo. Ci sono vari modi per avvicinarsi all'altro. L'amore per il prossimo, nella rivelazione cristiana diviene amore che si approssima, che si fa vicino. Un modo per amore l'altro è dunque pregare per lui, come anche un modo per stargli vicino. Comprendere questo vuol dire sperimentare nel proprio pregare una dimensione prossimale con chiunque prega e con chi non lo fa, poiché il cuore di Cristo sia accanto a loro.

Esiste una consolazione ed una gioia nella preghiera che ricrea l'uomo, è per la preghiera cristiana che si partecipa ad una nuova rigenerazione spirituale, secondo la vita nuova donata dal Cristo vivo e realmente presente.

Tante volte ho ascoltato da parte di alcuni fedeli tutto il loro scetticismo a pensare una vita offerta a Dio nella preghiera e contemplazione come la clausura. Se si prega, non si può fare qualcosa di buono per la società, la preghiera sarebbe tempo perso, meglio dunque mettersi al servizio del prossimo. È una riflessione giusta? Posta in questi termini direi di sì, ma l'esperienza dice che è esattamente il contrario. I mistici, uomini e donne dediti completamente alla preghiera sono stati grandi riformatori, fondatori di ordini e anche grandi uomini di prassi. Pensiamo a santa Teresa di Gesù bambino e del volto santo. È la patrona delle missioni, il luogo concreto dell'annuncio e del bene del prossimo. Perché una monaca di clausura che non è stata mai in missione è dunque patrona delle missioni?

La sua vita è stata offerta per le missioni e lei, viva in Dio, intercede per il mondo, la sua preghiera è missione più di ogni gesto dei missionari. Lei ha scelto il cuore della missione nel cuore della chiesa, la preghiera realizzatasi con un respiro totalmente missionario attraverso la clausura. Santa Teresa d'Avila era donna dedita totalmente alla preghiera, ma con Giovanni della Croce, altro mistico, la cui vita era totalmente innestata nella mistica, hanno riformato il Carmelo. Tutti possono, ancora, ricordare i centinaia di viaggi di Giovanni Paolo II. Uomo di prassi? Chi l'ha conosciuto racconta delle tante ore passate in preghiera durante la giornata. Un mistico è stato, questo si dice di Lui. Chi è unito a Dio può fare molte più cose perché chi opera è lui, senza lo Spirito del Signore non si può fare nulla. La preghiera e la spiritualità sono l'anima di ogni azione pastorale e missionaria. Come un corpo senza anima è cadavere, così la vita della chiesa nella sua pastorale è morta se non alimentata dalla preghiera.

La preghiera si fa missione quando riconosco nel bisognoso Cristo. È pregando che comprendo il Cristo, pastore e guida, giudice della storia.

Il Signore si è posto tra la gente senza alcuna ricchezza. Uomo che non ha una pietra per posare il capo[27], ma santo. Alla presenza di Cristo ci poniamo dinanzi alla sua santità. Nella radice ebraica santità vuol dire separazione. Dio è santo nella creazione perché separa il cielo dalla terra, gli esseri terrestri dai volatili, le acque superiori ed inferiori ecc… La santità di Dio si manifesta inoltre nella Pasqua ebraica quando separa le acque e permette il passaggio del suo popolo dalla schiavitù alla libertà. Scopriamo la santità di Dio quando ci chiama a sé, separandoci dal resto. In questa sua

[27] Cf. Mt 8, 20 ss.

santità sperimentiamo l'appartenenza di amore che già ci identifica in quanto creature redente dalla Pasqua del Cristo. La santità che incontriamo nella preghiera è la santità del Pastore[28]. È in questo cammino che ci giochiamo l'eternità. Se nella felicità o nella dannazione. È camminando con Lui che potremo essere agnelli o capri. È questa l'immagine che il Signore ci offre per il giudizio. Sceglie gli agnelli, animali minuti del gregge, e i capri, destinati alla macellazione. Gli agnelli per la vita, il suo Regno, i capri per la morte. Come non ricordare l'incontro di Paolo sulla via di Damasco con il Cristo che dice: " Perché mi perseguiti?"[29]. Paolo non stava perseguitando Cristo, ma i suoi discepoli. Eppure perseguitando loro, perseguitava Lui. La preghiera allora mi spinge a vivere l'incontro dei miseri con misericordia poiché dietro alla miseria ed al bisogno, è Gesù che chiede di essere accolto. Quando viene accolto chi porta la parola di Dio[30], quando sono accolti i bambini[31] è Gesù ad essere accolto. Allora l'incontro con il Signore e l'ascolto della sua Parola ci spingono a vivere da agnelli e non da lupi[32]. Maledetti allora saranno coloro che sono vissuti nell'indifferenza, come il ricco epulone con il povero Lazzaro[33]e non avranno accolto il povero! Il giudizio che ci sarà alla fine dei tempi viene scritto oggi. Il Signore, giudice giusto, non farà che costatare come viviamo. Gesù è sempre con noi[34], come lo saranno sempre i poveri[35] attraverso i quali posso giungere alla salvezza. Allora il corpo di Cristo adorato e presente realmente nelle specie eucaristiche chiede di essere assistito dietro i corpi di chi è denudato, affamato ed assetato dalla povertà.

3.3 IL GIUBILEO DEL CUORE

Incontrare Cristo porta a sentirsi debitori verso i fratelli. Il suo amore sovrabbondante porta il cuore alla liberazione. C'è un giubileo del cuore, una liberazione che porta ad andare incontro all'altro con lo spirito della festa, con animo entusiasta. Non solo giustizia verso il torto fatto al prossimo, ma condivisione frutto di una salvezza sperimentata. Interessante vedere come questo aspetto era rivelante per le prime comunità cristiane[36].

Sperimentare lo statuto messianico di Cristo come colui che libera e si prende cura dei più poveri porta il cuore a celebrare Gesù come il Salvatore, colui al quale stanno a cura i più poveri.

[28] Cf. Sal 23.
[29] At 9, 5.
[30] Cf. Mt 10, 40
[31] Cf. Mt 18, 5
[32] Cf. Gv 10.
[33] Cf. Lc 16, 19-31.
[34] Mt 28, 20
[35] Mt 26, 11.
[36] At 2, 42-47.

Sperimento la salvezza se nella preghiera realmente accolgo Gesù, la Parola che mi invita a condividere con i più bisognosi. Nella preghiera respiriamo la figliolanza, in Cristo, nell'amore che è lo Spirito. Questo porta a sentirci fratelli facendoci promotori della giustizia e della solidarietà. Sarebbe bello analizzare le tre parabole della misericordia alla luce della preghiera cristiana. Dio cerca fuori ciò che si perde come la pecora. Dio come la donna cerca dentro la dramma perduta. Il Signore desidera liberarci dalle angosce che viviamo venendoci a cercare lì, ed è dentro, nel cuore che viene a farci sperimentare la gioia. Non sarebbe allora il vero giubileo scoprire un Dio che ci sta aspettando dai nostri vagabondaggi di fuori per donare al cuore la risposta a quella sete per cui ogni uomo anela?

Il cuore ci ricorda che siamo fatti per quella luce taborica, increata, che spinge l'uomo alla contemplazione. La trasfigurazione che è rappresentazione tangibile della gloria di Dio, è il segno di una innata passione e vocazione alla bellezza che l'uomo porta inscritta dentro sé. Tale luce è una grazia che si può sperimentare nella propria anima, quando è avvolta dall'amore di Dio. Una esperienza del genere è ben rappresentata dal Bernini nella statua del matrimonio mistico di Teresa d'Avila. Come per Gesù, luce più che solare sul suo mistico volto, come per Mosè che scendendo dal monte irradiava una luce divina, così la vera spiritualità rende il volto splendente. La luce rappresentata dalle icone nel volto dei santi, richiama direttamente la luce del santissimo volto di Cristo. Ma dove siamo chiamati ad attingere questa luce increata nella vita di ogni giorno? La spiritualità cristiana ci chiede non solo uno sforzo di ascesi, ma soprattutto di fede. Gesù dirà ai tre discepoli di scendere dal monte della gioia, per la salita del monte Calvario. Il Calvario, luogo di oscurità e non di luce, manifestazione di bruttura e non di bellezza di vissuti strazianti e non gioiosi. Quanti dubbi lì, nel dolore, quanti interrogativi e soprattutto quante certezze vengono meno. Il più bello tra i figli dell'uomo lì manifestatosi tra Mosè ed Elia, qui diviene l'uomo dinanzi al quale ci si copre la faccia, in mezzo a ladroni. Eppure è lo stesso Amato del Padre che si manifesta. Anche se il Padre non sembra soccorrerlo, è percepito come assente, Lui c'è. La sua voce non si ode come sul Tabor o al Giordano in quella epifania efficace a convincere gli increduli più incalliti. Lì dove il male manifesta il suo potere e l'ateismo può con forza fondare ogni sua ragione, Dio si rivela in un Amore disumano, un Amore che passa dall'annientamento di sé per redimere l'altro, l'uomo. È in questo Amore, che abbraccia il dolore che possiamo avvicinarci in maniera più significativa a comprendere la spiritualità. Cristo ci fa sentire la sua presenza nella luce per prepararci a quei momenti in cui la luce verrà meno, ci fa gustare la bellezza della salita per prepararci a quella discesa che ci porterà a ciò che non piace e che non vorremmo mai incontrare. La fede quando passa per la croce dunque non chiede solo di essere illuminata dall'intelligenza, ma esige un abbandono, una fiducia immensa che passa per la notte di ogni conoscenza della mente e del cuore. Il crocifisso diviene allora la fonte a cui attingere la Sapienza. È lì il maestro, il frutto dell'albero della vita, da lì si impara il significato della meta in ogni vita. La croce, diviene il riferimento della luce del Risorto, lo strumento per giungervi. I mistici, ci ricordano che la vita spirituale passa per la via crucis, anche se prima si è preparata con la luce taborica. Quella preparazione è stata preludio della gloria celeste in una fede che è passata per il tremendo buio della prova. La sapienza del cuore è un sapore, interiore, spirituale che passa dal disgusto del dolore per giungere alla dolcezza della consolazione divina. Come si può comprendere la primavera a partire dall'inverno e il canto degli uccelli dalle precedenti migrazioni, così possiamo lasciare illuminare il nostro cuore a partire dal realismo della prova per giungere a quello bontà di un frutto inaspettato. Se per prepararsi alla prova si passa per il deserto delle tentazioni, il giardino pasquale diviene vita nuova, paradiso per questa umanità, per il nostro io qui ed ora. I fiori si aprono a primavera e gli uccelli cantano. Lo Spirito non lascia il cuore nella solitudine, ma lo apre a Dio come un fiore al sole, facendolo esultare in un canto interiore come un uccellino in uno splendido giorno di primavera.

Il Signore emigra. Dalla croce ascende al cielo. Egli consegna a noi i suoi averi, morendo ci ha donato lo Spirito Santo. Egli ci ha donato i suoi talenti[37], che non sono doti naturali, ma la sua grazia e il suo perdono, dove il perdono si fa anche condono. In questo il nostro cuore può gioire di una felicità immensa.

3.4 LE PAROLE E LA PAROLA

Ancora oggi, come ricorda il Vangelo, tanti pensano di pregare per il fatto che usano tante parole. Nella Bibbia non c'è solo la parola che Dio rivolge all'uomo, ma anche la parola che dal cuore dell'uomo viene rivolta a Dio. Il libro dei Salmi rispecchia pienamente questo aspetto.

Pregare i Salmi bene aiuta a rivolgersi a Dio con la sua stessa Parola, con quello Spirito che già ha illuminato quelle preghiere. Allora anche il grido desolante, la distruzione, il dolore, le false aspettative, lo stesso rancore si fanno preghiera, parole umane che diventano parole di Dio.

Lo stesso Gesù a Emmaus richiama i Salmi sul mistero della sua rivelazione. Egli rivela se steso sulla croce pregando i Salmi. Tante volte, nei suoi pellegrinaggi, con i suoi amici ha cantato i canti di Sion. Quanto è facile farci le nostre preghiere, coltivare devozioni tanto spesso frutto di sensibilità personali che talora scadono in individualismi! La liturgia delle Ore ci invita a crescere nella preghiera e la preghiera salmodica realmente può educarci ad incontrare Dio, così come lo hanno incontrato uomini di migliaia di generazioni attraverso quelle stesse preghiere, quei stessi canti. Nella preghiera salmodica non è al centro il mio io, ma l'umanità. Io posso essere contento, gioioso e la preghiera salmodica mi propone un salmo d'angoscia. Sono chiamato a pregarlo ed a

[37] Cf. Mt 18, 23 ss.

farlo mio, poiché nell'umanità c'è chi in quel momento sta vivendo ciò e poiché appartengo al corpo che è la Chiesa quella sofferenza, nella preghiera, misticamente, diventa la mia sofferenza.
I Salmi parlano delle situazioni soggettive di chi li ha scritti, ma si aprono ad una dimensione universale di salvezza secondo una lettura cristologica, cioè letti facendo propri i sentimenti del Cristo; ecclesiologica poichè quei salmi rivivono nell'umanità oggi nel segno della Chiesa che è la presenza del Cristo in mezzo agli uomini; escatologica poiché aprono ad una speranza che è quella della completa rivelazione e del definitivo progetto di Dio.
Chi accoglie la Parola è abitato da Dio stesso[38]: è per questo che siamo chiamati a nutrirci della Sacra Scrittura facendo del nostro corpo la dimora dell'incontro con Dio.

[38] Cfr Gv 14, 23-24.

CAPITOLO IV

PREGHIERA E VIRTU' TEOLOGALI

Parlando delle facoltà spirituali abbiamo già richiamato le virtù teologali. In questo capitolo propongo una riflessione più attenta sulla relazione della spiritualità con queste virtù infuse dal giorno del nostro Battesimo. La via dell'uomo è la speranza, la verità che cerca è la professione della sua fede e la vita degna di questo nome è quella vissuta nella carità. Icona e modello è Cristo certezza e vittoria nel nostro oggi, vita che si è fatta amore totale, gratuito ed incondizionato.

4.1 LA CARITÀ: IL PROFUMO DI DIO

Mi piace pensare alla carità come al profumo di Dio. Chi vive nella carità porta il suo profumo in mezzo agli uomini, anche se la carità ha un odore diverso dai profumi umani. Il profumo di Dio si sente da lontano

Per una cultura dell'obbligo e del precetto, spesso si rischia di confondere la preghiera con un dovere verso il Signore e non come il luogo della grazia di Dio.

È innegabile evidentemente una dimensione ascetica della preghiera fatta di esercizio, di costanza e di impegno personale, ma non bisogna scordare che il pregare è un dono di Dio, il luogo attraverso il quale si entra nella sua vita, si partecipa del suo Spirito.

Nel Battesimo siamo divenuti figli di Dio. In esso abbiamo ricevuto in dono le virtù teologali, frutto della grazia, virtù che vanno alimentate dalle cooperazione dell'uomo. La fede, la speranza e la carità ricevono dunque il loro alimento dalla preghiera. La preghiera è fondata sulla fede, alimentata dalla speranza e verificata nella carità. Le virtù teologali alimentate dalla preghiera permettono di acquisire uno sguardo divino che fa passare da una logica umana fondata sullo scarto, ad un sentire divino caratterizzato dal dono. La fiducia in lui, la speranza che il momento presente non è l'ultima parola ed i gesti che si fanno carità superano il deserto del nostro oggi, gli affanni quotidiani nella gioia e nell'entusiasmo straripante di cuori entusiasti.

Contemplare lo scarto, l'umanità ferita, ci porta in Cristo a scoprire bellezze inenarrabili che chiedono di dimorare nel nostro animo, nel nostro oggi.

Gesù è stato scartato dagli uomini e si mette dalla parte di chi è scartato. È bello riflettere su come però tanti scarti sono stati rivalutati. Mi piace pensare al grano bruciato che veniva escluso perché nero, oggi invece il pane fatto con il grano bruciato è di prima qualità. Allo stesso modo il cibo scartato di una volta, perché povero, oggi viene venduto nei migliori ristoranti come prelibatezze.

I muli sono animali scartato dai corpi militari italiani ed invece, oggi sono valorizzati nei corpi speciali americani. Ciò che è scartato spesso viene rivalutato. Gesù, l'uomo scartato per eccellenza, è colui che oggi viene adorato come il migliore di ogni spazio e di ogni tempo. Conviene chiedersi se nella nostra vita facciamo delle esclusioni, se scartiamo. Lo scarto che operiamo verso gli altri lo adoperiamo verso Cristo. Scartare qualcuno vuol dire allora scartare l'immagine e somiglianza di Dio. Dio, in Gesù è dalla parte dei più deboli, di coloro che sono scartati. Lo scarto è prezioso agli occhi di Dio, è Dio che ha scelto lo scarto, si è fatto scarto. Chi è scartato è più vicini a Dio e chi li scarta, si allontana da Dio. Proprio quando si è messi da parte, siamo più vicini a Dio che non mette da parte nessuno. Non esistono scarti che da Lui sono resi tali. La cultura del'usa e getta, trasposta sulle persone, porta alla cosificazione. Come una cosa che non serve più viene buttata, così le persone spesso vengono spremute come un limone e gettate via perché non servono più. Quanta umanità buttata nella solitudine, abbandonata alla propria angoscia, quante sedie a rotelle cariche di rancori e rabbie, quanti falsi convincimenti di vite che si considerano un peso! Quanti scrupoli vuoti, quanti tradimenti! Tutti questi sono scarti eppure per Dio hanno il primo posto. La logica del più piccolo, del più inutile, di chi non conta ai suoi occhi, agli occhi di Dio, sono al primo posto sono i prediletti. I prediletti di Dio, sono i poveri, perché Dio ha i suoi prediletti. Il prediletto del Padre è il Figlio, l'amato, il povero per amore, lo scarto che è diventato testata d'angolo. In ogni scarto della società il Padre, vede il Figlio. In Lui riversa l'amore del Figlio, la sua predilezione. Negli scarti della società possiamo fare nostro questo sguardo, le vie crucis che celebreremo saranno allora significative a livello esistenziale per divenire esperienza intimamente spirituale. Dio costruisce la sua storia sugli scarti, quei poveri che chiama per nome, mentre non conosce i nomi dei ricchi e potenti. L'amore crocifisso si fa vittoria sull'indifferenza, coraggio che va contro corrente, speranza che libera i cuori e audacia vitale per una logica evangelica che è vera rivoluzione dell'amore.

Come ho già ricordato l'amore per Dio e l'amore per il prossimo sono due facce della stessa medaglia. Ricorda la lettera di Giovanni che non si può amare Dio, che non si vede, se non si ama il fratello che si vede.

L'amore per Dio anela al fratello. La preghiera stessa è una forma di carità. La liturgia delle ore, ad esempio ci educa alla preghiera per l'altro. Il respiro trinitario della preghiera è tale se vissuto nell'icona della Trinità stessa: la chiesa. La vita della chiesa è chiamata ad essere e a farsi sempre più vita d'amore, perché Dio è amore. La preghiera cristiana, esperienza di amore ha le mani della carità. Dalla preghiera, se autenticamente spirituale, imparo a riconoscere Cristo nel povero, nell'indigente, nello straniero ecc. La preghiera, che si abbevera alla fonte della Parola, ha le mani dell'amore. Come viene ricordato nell'enciclica *Deus caritas est,* l'amore è anche eros, passione, desiderio. Dio stesso è questo. La carità allora esige un respiro passionale, fremito che non può

aspettare, proprio da Dio. L'amore appassionato di Dio che incontro nella preghiera, diviene allora amore appassionato per l'uomo, specie per cui più indigente. L'amore di Cristo che è amore per l'uomo, incontrato spiritualmente diviene carne nella relazione con ogni uomo.
La Scrittura ricorda continuamente come i miseri, i poveri, gli oppressi sono i preferiti del Signore. Devo sempre chiedermi quanto spazio hanno queste persone nella preghiera. Incontrare la giustizia di Dio nel silenzio, mi spingerà ad annunciarla con la parola. Scoprire come Dio è carità mi porterà a testimoniarlo più che con la parola, attraverso i gesti. I silenzi che parlano di Dio sono i gesti della carità.
La carità cristiana permette di incontrare lo stesso Dio che prego nella quotidianità e nell'umano rapporto interpersonale. Il volto della carità è il volto di Cristo. Nella preghiera cerchiamo il volto di Dio, l'esperienza spirituale è in sintesi questa ricerca. È nel volto dell'altro che possiamo intravedere il volto di Dio. Al termine della nostra vita saremo giudicati sull'amore, ricorda san Giovanni della Croce, quell'amore che è alimentato nella preghiera e consumato nei gesti di carità. Amore per Dio e amore per il prossimo, preghiera e carità. Una delle tentazioni che però può affacciarsi nella preghiera, come ci ricorda il combattimento spirituale di tradizione patristica, è trascurare la preghiera per andare incontro ai gesti di carità. Io credo che per superare tale dubbio o difficoltà sia sempre importante invocare lo Spirito con la certezza che trascurare la preghiera porterebbe la carità a svilirsi da virtù teologale a semplice filantropia, frutto del proprio merito e non dono di grazia.
Evidentemente il giusto e corretto discernimento in tutto ciò è da farsi con una guida spirituale.
Quando penso alla carità mi viene sempre in mente una immagine che ho sentito commentare da un padre della Chiesa, il cui nome è Efrem, diacono della Siria. Efrem il Siro dice che l'amore è come il brodino caldo. Quando il brodino è caldo infatti, gli insetti non possono entrarvi per l'alta temperatura. Analogamente così è l'amore, non entra il male se è caldo, non vi è spazio. Il problema vero diventa allora alimentare il fuoco della carità. La carità si attinge da Dio che è Amore, è Lui la fonte. Alimentarsi alla sua fonte vuol dire divenire carità. Qualcuno fa derivare la radice della parola amore da a-mors/mortis. L'amore sarebbe dunque l'assenza di morte, meglio il luogo della vita. Nella Rivelazione cristiana questo dono, la carità, si rivela nella donazione di se stessi fino alla morte. Il fuoco della carità nella preghiera allora ci chiede il sacrificio di noi stessi, in una oblazione nella chiesa per l'umanità ad immagine di Cristo che si offre per la salvezza degli uomini per ogni spazio e tempo. Credo che è importante fare nostra la regola d'oro del Signore: "Tutto quanto volete che gli uomini facciano a voi, anche voi fatelo a loro"[39]. La preghiera mi porterà allora a riconoscere negli scarti della società, nei piccoli, il mio Re. La storia dei santi ci ricorda che la carità è il motore che fa vivere insieme, è il fuoco che brucia il male purificando ogni scoria per il

---

[39] Mt 7, 12.

bene. Farsi poveri per arricchirci di colui che si è fatto povero: è questa la vera ricchezza e la vera grazia. A ricordarcelo è Paolo con queste parole: " Voi conoscete la grazia del nostro Signore Gesù Cristo il quale, essendo povero per voi, affinché, mediante la sua povertà, voi poteste diventar ricchi"[40]. Nella tradizione ebraica e cristiana è molto cara una immagine per parlare dell'amore di Dio, quella dello sposo[41], riferita sempre in un contesto di Alleanza. L'amore profuma dell'amato, del Cristo, l'Unto che consacra l'anima dell'amata fondendola e unendola al suo cuore, l'Amato cercato, atteso e trovato.

4.2 LA SPERANZA: IL DESIDERIO DI DIO

La vera speranza è abbracciare il desiderio di Dio. Lui mi ama e desidera, sogna per me. In Lui ogni suo desiderio è realizzato. Non vedo il raccolto, ma i semi ci sono tutti. L'anima che si apre alla speranza inizia a desiderare ciò che Dio desidera.

La preghiera ci spinge in alto. La preghiera ha le mani di un amore carico di speranza, che è l'ancora in Dio, la fermezza e l'adesione al suo amore. La preghiera spinge allora a mettersi in un cammino che oltre al valore teologico ha, congiuntamente, una alta valenza antropologica. Pensiamo al cammino di Giacobbe[42]. Si va in pellegrinaggio per riconoscenza a Dio, per vivere un'esperienza di fede, per vivere il valore della Parola[43].

La preghiera nella vita di un uomo è questo pellegrinaggio, di meta in meta. Non esiste preghiera uguale come nessun incontro è uguale. C'è un cammino, c'è una novità; ogni volta c'è una tappa nuova. Dio fa esodo nella nostra preghiera.

La preghiera è speranza poiché è aperta al ritorno di Cristo. La superficialità spirituale ci condanna perché ci incastra nelle nostre preoccupazioni quotidiane. La preghiera allora è vigilanza e attesa.

È nella condizione quotidiana che si costruisce tale attesa, la preghiera è piena di speranza proprio quando viene accolta nella sua dimensione feriale.

Le fasce che vediamo quando contempliamo il bambino del presepe, il lenzuolo nel quale viene avvolto appena calato sulla croce sono solo il preludio di un nuovo manto di luce che avvolgerà il Cristo glorioso al suo ritorno. La presenza di questa speranza nel nostro oggi è alimento alla preghiera per superare tutte quelle tentazioni di fuga e di scoraggiamento.

Anche la preghiera diviene anche la presenza di una memoria dove la morte e risurrezione di Cristo viene partecipata, ma allo stesso tempo una attesa che cammina nella presenza del Santo Spirito. È in questa speranza che ci accorgiamo come, nella nostra storia Dio vede perché ascolta. Gli occhi e

---

[40] 2 Cor 8, 9.

[41] Riportiamo solo alcuni esempi. Cf. Os 2, 21; Ger 2, 2; Is 62, 4-5; Ez 16, 23.

[42] Gn 39, 1-5.

[43] Cf. Sal 121, 6-9

le orecchie di Dio ci donano una speranza nuova che travalica le nostre speranze. In Dio ciò che è detto è fatto, come nella creazione. La preghiera ci ricrea ed in questo possiamo anelare all'orizzonte futuro di un nuovo avvenimento.
Uno dei frutti della speranza è la pace che si scopre nella preghiera e che si porta al fratello. La pace di ognuno, scoperta nella preghiera, ha un valore ecclesiale, non frutto di uno sforzo ma di un dono di Dio che è per il bene comune. Tale incontro con il Signore aiuta a superare le divisioni ed a riscoprirsi uno in Cristo Gesù. Per vivere una preghiera vigilante capace di alimentarsi alla speranza teologale, ognuno ha a che fare con una forte e seria lotta interiore.
La speranza è già certezza nella vittoria, è già partecipare alla vittoria di Cristo facendo parte della schiera degli sconfitti della storia. È l'esperienza del vogatore che rema non sapendo che dietro di sé c'è il traguardo pur non vedendolo. Quante cose non vediamo attraverso la preghiera, ma quanto sono vere. Siamo in una storia, o meglio oltre la storia. Siamo con la comunione dei santi. Siamo con s. Agostino, s. Francesco e s. Ignazio; santi di epoche completamente diverse ma presenti nell'oggi dello Spirito, nella preghiera, qui ed ora. Altro che relatività di Heinstein! Sarebbe questa la più grande scoperta. La speranza si incarna nell'oggi, è esperienza esistenziale nella preghiera, è alimento nella quotidianità e definitiva gioia nella Gerusalemme Celeste. È nel frammento di questa esistenza che mi gioco il tutto in Dio. Tale speranza è gustosa, è sapienza in Dio. È tenerezza che anche attraverso la porta del dolore sa giungere al traguardo della consolazione a Dio stesso.
Quando penso alla speranza, immagino il cammino e per non sbagliare strada è importante seguire una giusta indicazione. Nel Vangelo c'è un richiamo molto interessante alla luce di ciò ed è il dito di Giovanni Battista. La speranza è l'agnello di Dio, Lui che porta su di sé il peccato del mondo. Tante volte gli uomini si fermano alle indicazioni, alla conoscenza. Giovanni il Battista ci ricorda con quella indicazione che questo cammino non si fa una volta per sempre, ma dura tutta la vita. Tale cammino può essere attraversato dal dubbio, dalla difficoltà ma non bisogna cambiare strada. S. Agostino ricordava che è meglio essere zoppi e camminare per la strada giusta e non correre per quella sbagliata.
La speranza non ha a che fare con l'io, ma con il noi. Allora, la preghiera che è alimento alla speranza, chiede uno sguardo non soggettivo, ma ecclesiale. Prego nella chiesa e dunque il centro non sono le mie sofferenze, le mie difficoltà ma il corpo mistico di Cristo ferito e lacerato. Non i miei desideri, ma i sogni dei poveri. Nella preghiera partecipo del noi, nel quale l'io si relaziona realizzandosi nella fraternità. La preghiera è vocazione alla fraternità, lì ci si scopre appartenenti all'unica famiglia di Dio. La preghiera è includente per tutti. Coloro che si autoescludono perchè non credenti, sono inclusi affettivamente ed effettivamente attraverso l'intercessione, in una logica amorevole di fraternità, che nell'amore, dalla fede, travalica il limite della non credenza. L'ateo diviene un fratello e tale vocazione alla fraternità non può essere misconosciuta, poiché illuminata

da una coscienza morale. La preghiera è incisiva, poiché incide nel cuore la logica del noi, dove l'altro viene prima di ogni mio bisogno. Il bene viene riscoperto bello nella fraternità. Essere amati spinge ad amare. La preghiera spinge alla vita e la vita chiede di essere rianimata spiritualmente. Come due facce della stessa moneta, la speranza che attinge alla spiritualità si fa spirito illuminato per guardare ad un nuovo futuro. Luce di vita è prima di tutto luce che viene dal cuore, la cu fiamma è alimentata dallo Spirito che ci porta a riconoscere ed a porci dinanzi a Dio come un papà buono.

Mi piace concludere questa riflessione sulla speranza con una immagine di Sant'Agostino che guarda al legno della croce, come il legno per attraversare il mare:

"Nessuno, infatti, può attraversare il mare di questo secolo, se non è portato dalla croce di Cristo. Anche se uno ha gli occhi malati, può attaccarsi al legno della croce. E chi non riesce a vedere lontano la meta del suo cammino, non abbandoni la croce, e la croce lo porterà".[44]

La preghiera è una lotta continua dalle distrazioni, chiede di uscire, non facendosi imprigionare secondo la logica del mondo[45]. Gesù insegna a non lasciarsi ingannare dalle apparenze. Il luogo della gloria è Lui, che può essere incontrato oggi. La sua luce ci ha liberati dalle tenebre[46], se viene rifiutata si ripiomba nella schiavitù. La preghiera è luogo di grazia, dove viene superato lo spazio materiale in uno spazio interiore, spirituale, luogo che viene inabitato da Dio, sfuggendo alle categorie spaziali. Il tempo della preghiera travalica la dimensione cronologica per diventare kairologia, esperienza di grazia e bellezza, luce increata che parla della grandezza di Dio. Il tempo della preghiera è già anticipazione dell'eternità di Dio, quando anche il tempo umano, sua creatura, sarà superata in una dimensione eterna di gloria e felicità, nella quale l'uomo avrà raggiunto il fine ultimo del suo essere, la divinizzazione, come amano dire i nostri fratelli orientali.

4.3 LA FEDE: LE FONDAMENTA IN DIO

A proposito della fede nella Scrittura è continuo infatti il richiamo alla roccia come significato simbolico.

Mi ha sempre colpito la riflessione sulla Roccia. Il primo papa, Pietro si chiama infatti roccia, pietra. Cristo ci parla della vita riuscita bene come una casa costruita sulla roccia. Il popolo di Israele che ha sete viene dissetato dall'acqua che scaturisce dalla roccia. Dio viene definito spesso nella scrittura come roccia. Gesù nell'Apocalisse si definisce Amen. Gesù è dunque la nostra roccia. Come dice s. Paolo la roccia attraverso la quale Israele si dissetò nel deserto era Cristo. Cristo,

---

[44] S. Agostino, *Il legno per attraversare il mare*, in *Commento al Vangelo di Giovanni*, Omelia 2.
[45] Cf. Mt 7, 15-20; 12, 32-33
[46] Cf. Gal 4, 8.

nostra roccia ci ha dissetati salvandoci, liberandoci dal peccato. La sua acqua non solo ci ha purificato, ma ci ha anche vivificati, redenti, rinnovati. La roccia nel deserto è allora prefigurazione del fianco di Cristo, roccia dalla quale è scaturita l'acqua della salvezza, il dono dello Spirito Santo. La tradizione della Chiesa ha visto nel fianco squarciato il luogo dove sono scaturiti i sacramenti del battesimo (l'acqua) e dell'Eucarestia. Se costruiremo su Cristo le tempeste della vita non ci lasceranno cadere. La roccia che è Pietro è sicura solo quando poggia su Cristo. La nostra fede che poggia sulla fede della Chiesa, trova il suo fondamento sicuro in Cristo, roccia vivificante, stabile e fedele nell'amore del Padre. S. Francesco amava le grotte rocciose perché gli ricordavano il fianco di Cristo e vi si rifugiava con il desiderio di entrare nel suo costato per fare esperienza del suo cuore. La fede allora chiede di essere rocciosa, dura e ferma, stabile. Cristo ha pregato perché la fede di Pietro non venisse meno. Il Signore, nostro avvocato intercede per noi, presso il Padre, perché restiamo attaccati alla roccia. Ci sono falsi fondamenti, sicurezze illusorie. È Cristo la roccia sulla quale non potremo essere destabilizzati. La preghiera e la spiritualità sono il luogo dove impariamo a tenere fermi i nostri passi, per sapere dove porre il nostro cammino e non scivolare in luoghi paludosi. Essere saldi in Dio, il Dio che ha reso salda l'umanità abbracciando la sua carne nel Figlio, il Signore Gesù.

Per parlare della fede mi piace pensare alla parabola di Gesù che parla di due case, una fondata sulla roccia e l'altra sulla sabbia. Sulla roccia nulla cade. Non cade la Chiesa fondata sulla roccia che è Pietro, non cade Pietro fondato sulla roccia che è Cristo. Per reggersi non è importante l'apparenza, è fondamentale il fondamento. Le fondamenta della nostra casa sono la fede in Dio

Cristo è la salvezza per tutti, è l'amen su cui appoggiarci. È questa la fede su cui poggia la preghiera. La preghiera è un tempo di grazia, è kairologia. La vita coinvolta in Dio, viene sconvolta per il bene e per la salvezza. La preghiera ci fa vivere il rinnovamento interiore e come per Zaccheo il mondo cambia, tutto viene percepito con un nuovo sguardo attraverso l'immersione della salvezza. È così che partecipiamo dell'accoglienza di Dio, della carità celere verso i fratelli e della gioia nel cuore. La preghiera deve essere il luogo dell'accoglienza dello Spirito, dell'accoglienza di Dio. Pensiamo a Maria che è l'accoglienza che si fa spazio di ascolto, di comunione e di intimità.

La Madonna dopo che ha sperimentato Dio, si pone al servizio del prossimo in fretta. La fretta di mettersi al servizio del prossimo caratterizza anche la conseguenza dell'incontro di Zaccheo. Anche i pastori quando sperimentano l'incontro con il divino si mettono in cammino in fretta.

Dopo aver incontrato il divino, nasce un cammino verso l'altro. Dopo l'incontro con il Signore nasce una fretta che si fa servizio. Non c'è tempo da perdere quando si ama, ci si accorge che il tempo non è un puro succedersi di secondi o minuti, ma il tempo si fa luogo.

La preghiera fa sperimentare la gioia. La gioia che è appartenuta a Zaccaria, a Maria, la gioia per la nascita di Gesù è la stessa gioia della missione, quella dei discepoli che tornando narravano per i grandi eventi accaduti. La gioia coinvolge le folle, è la conseguenza che nasce nel cuore con la vittoria della vita sulla morte, è il sentimento che coglie i discepoli quando Gesù ascende al cielo. Questo gioia intima, vissuta nell'incontro con il Signore, questo sentimento che è un frutto dello Spirito come ricorda Paolo nella lettera ai Galati, è l'anima ed il respiro spirituale che il Signore concede nella preghiera. È quella consolazione che Dio dà liberando il cuore dalla desolazione seminata dal nemico.

Eppure la fede si manifesta come una realtà minima che sposta le montagne[47] senape che compie meraviglie. La fede ha infatti la meglio sul male, avrà la parola definitiva[48].

La fede vera genera serenità, speranza, forza e salvezza.

Gesù ha passato la maggior parte del suo ministero in galilea. Galileo era sinonimo di sovversivo. C'è un gioco interessante tra luce e tenebre, coloro che sono nel peccato vedranno la luce della vera fede[49], loro che sono nel buio saranno illuminati. La Galilea delle genti avrà una rivelazione che si riferisce a tutti. Gesù ha operato questo realizzando una soteriologia universale come i profeti avevano annunciato[50], frutto di gratuità. Questa esperienza donata dal dono dello Spirito a Gerusalemme inizierà un cammino per tutto il mondo in ogni spazio e tempo. Tale esperienza universale è partecipata spiritualmente ad ogni battezzato. La luce della stella che illumina ed orienta i magi[51], avrà un volto: Cristo, luce del mondo. È curioso vedere come san Paolo per parlare di conversione usa l'immagine del sonno[52], ritenendola un atto di libertà ma anche dono di Dio. Ci si sveglia per la luce. Un testo biblico dice "*Sentinella, quanto resta della notte?*"[53]. Siamo fatti per la luce, desideriamo che le tenebre siano sconfitte. La nostra esistenza è come quella sentinella che attende, desidera, anela alla luce. È restata proverbiale una frase di Eduardo De Filippo: *"A da passa a nuttat"* (Deve passare la nottata"). È la notte del dolore, della prova, del peccato che chiede di essere superata.. Possiamo allora rivolgerci a colui che da sempre si rivolge a noi. La luce c'è ed è Gesù che chiede di aprire le nostre finestre di sfiducia, di spalancare le nostre porte chiuse dalla tristezza, di aprire il nostro cuore pieno di angoscia. Gesù è la luce che ha camminato lungo le spiagge del peccato umano, delle dimore dove si è scelti di stare lontano da Dio. Il mare, simbolo per eccellenza del peccato nella Bibbia, è il luogo dove Dio avvolto di luce opera mirabili prodigi. Il mare è il luogo dove i primi discepoli scoprono la luce in quegli occhi luminosi del nazareno che li chiama. L'occhio di Gesù guarda il cuore ed il vedere si trasforma in amore. Chi è guardato da Dio è amato e Gesù ci guarda con il suo amore. Allora la pasqua attraverso il mare della liberazione

---

[47] Cf Mt 17, 20
[48] "Questa è la vittoria che ha sconfitto il mondo, la vera fede." Gv 5, 4

[49] Cfr. Is 8, 23-9, 1.
[50] Cfr Is, 2, 1-5.
[51] Mt 2, 2
[52] Cfr. Rm 3, 11
[53] Is 21, 11

diviene passaggio dal cuore buio alla luce che chiama alla fede prima ed alla fraternità dopo. Gesù cammina nella nostra Galilea, nel nostro cuore buio, ci dona la sua luce. Egli guarda noi come ha guardato i suoi primi discepoli, ci ama e ci fa fare esperienza di fraternità. La durezza della testa nel comprendere, come in Pietro, si scontra con la tenerezza e fedeltà del Signore. È bello scoprire come nella fraternità si giunge a conoscere il Signore. La Parola manifesta ciò che l'occhio ha fatto vedere al cuore, seguire Cristo allora ci rende illuminati, figli della luce.
La preghiera è lampada per la vita spirituale. È interessante sapere che in oriente le lampade sono sempre accese, anche di giorno per il fuoco[54]. Recuperando il simbolo della lampada che richiama l'armonia e la felicità, scopriamo come il rapporto personale con il Signore mette ordine armonicamente nel cuore, donando l'autentica gioia. La luce di questa lampada è Cristo, luce del mondo. Il profeta che lo ha annunciato, il Battista, nostro modello per indicare il Salvatore "era lampada che arde e risplende"[55]. La vita cristiana diviene vita di preghiera e spiritualità vissuta la cui figura viene incarnata dal simbolismo dei servi vigilanti con le lampade accese[56].

4.4 LA SETE DI DIO

La preghiera alimentata dalle virtù teologali ci porta a scoprire l'uomo bisognoso non solo nella sua materialità, ma soprattutto nella spiritualità.
Degna di rilievo è la riflessione su un simbolo vitale che troviamo nella Scrittura: l'acqua. Nell'Antico Testamento ci sono più di cinquecento citazioni sull'acqua, mentre nel Nuovo più di quattrocento. È curioso vedere come la mancanza, come il simbolo delle cisterne vuote di Geremia, richiami il peccato, mentre le fonti zampillanti sono simbolo di Dio. L'elemento dell'acqua è centrale, ad esempio, nel dialogo tra Gesù e la Samaritana[57]. In ebraico la parola gola ed anima si dicono nello stesso modo[58]. Gesù sulla croce ha sete come presso quel pozzo. Ma sete di cosa? Mi colpisce come le suore di Madre Teresa di Calcutta accanto al Crocifisso mettono una frase con la scritta *I'm thirsty* (Ho sete). Certo Gesù aveva sete a mezzogiorno al pozzo di Sichem dove incontra la Samaritana. Ha sete sulla croce. Ma è acqua ciò che desidera? La sete di Cristo è sete di anime, sete di salvezza. Egli vuole donarci l'acqua dello Spirito, che disseta per la vita eterna. Madre Teresa ha fatto proprio quella sete nella logica dell'amore che il Cristo ha svelato. Dall'acqua Gesù porta gradualmente la samaritana a conoscere verità meravigliose. L'acqua viva la si trova su alti piani e non nel pozzi. Dall'alto piano della croce scorrerà quell'acqua viva, il dono dello Spirito nel

[54] Cf. Pr 31, 18. Per indicare la donna saggia si richiama il significato simbolico della lampada accesa di notte.
[55] Gv 5, 35.
[56] Cf. Lc 12, 35.
[57] Cf. Gv 4, 7-26.
[58]Cf. Sal 42, 2. La sete del Dio vivente dell'anima assume visibilità attraverso la gola. Anima e gola sono infatti lo stesso termine.

quale attingiamo all'eternità. La rivelazione del Cristo ha sempre a che fare con l'incomprensione umana. La samaritana si accorge che quel giudeo è diverso, lo scopre profeta per comprendere successivamente che quell'uomo è il Messia, che è il Salvatore del mondo. Le meraviglie si scoprono gradualmente, in un momento inaspettato, attraverso un appuntamento scritto nell'agenda dell'Eterno di cui non si era a conoscenza. Si vuole rinchiudere tutte nelle proprie attese ma Dio, nel suo Figlio, apre nuove speranze. Non si resta più chiusi nel proprio passato, fermi alle proprie preoccupazioni. Nasce l'ansia dell'annuncio, perché la propria esperienza si faccia missione, annunzio personale.

Gesù è colui che ci dona l'acqua viva. È lui che nutre il popolo di Dio nel deserto, è lui la roccia dal quale il popolo viene dissetato[59]. Quella roccia era prefigurazione del suo costato, dal quale è scaturita l'acqua della salvezza. Da quel costato ci siamo tutti abbeverati e attingeremo alla vita divina. Da quel costato abbiamo attinto l'acqua del nostro battesimo. Dio ha sete di amore, ha sete di noi. Egli vuole amare, sposare la nostra anima. Che figura meravigliosa è la samaritana![60]. Gesù fa la corte al nostro cuore, vuole sedurlo, portarlo con sé. Quel pozzo è luogo di incontri amorosi. Fu così per Isacco e Rebecca, per Giacobbe e Rachele. Anche Mosè incontrò Zippora al pozzo. Luoghi di incontri amorosi da dove scaturiranno matrimoni. Dal fonte battesimale, pozzo dello Spirito, luogo di incontro amoroso di Dio con l'umanità, l'anima si prepara con il fidanzamento a celebrare il matrimonio mistico, le nozze dell'agnello. C'è prima una conoscenza del Cristo che parte dalla sua sete di acqua, tale conoscenza diviene rivelazione che porta al fuoco dell'amore, il quale, a sua volta, spinge all'annuncio ed alla testimonianza. Se prima ci si vergognava di sé, adesso si esce fuori incontro a chiunque perché il dono che si è incontrato è la risposta al desiderio di felicità di ognuno. Ciò che era il senso di quell'uscire, come la brocca della samaritana, viene dimenticato, dinanzi alle meraviglie dell'Amato che riempie, in maniera traboccante, la brocca del cuore di una gioia incommensurabile. Quella sete a mezzogiorno è segno della sete di Gesù sulla croce, a quell'ora in cui venivano sgozzati gli agnelli per il sacrificio. Lui vero agnello, con la sete del suo amore disseta le aridità del nostro cuore. L'anima che ha sete del Dio vivente, viene vivificato dall'Amato che la bacia sulla croce, il suo respiro viene effuso e la grazie riempie il cuore. Gesù bacia la nostra vita. Il bacio, segno di donazione e di amore, in Gesù si fa donazione del suo Spirito e amore assoluto fino al totale annientamento di sé. La nostalgia di chi è esule dal suo Dio, di chi vive l'adulterio del cuore, viene superata, in maniera inaspettata, non per la propria volontà, ma per la volontà di colui il cui fine è amare salvando e redimere donando. Chi incontra questo amore corre di gioia. Non si può stare fermi, come il mattino di Pasqua si corre per annunciare, per vedere, ma soprattutto per credere.

---

[59] Cf. Es 17, 3-7

[60] Cf. Gv 4, 5-42

La signoria di Cristo si riconosce a partire da questa intimità, dall'amore desiderato e atteso che disseta la sete dell'anima che anela al suo Dio.

CAPITOLO V

LA SIGNORIA DEL CROCIFISSO, AGNELLO DI DIO

La parola Signore, in latino Dominus, richiama il dominio. Abbiamo fede nel Signore e tale atteggiamento si manifesta nell'accoglienza della sua signoria, del suo dominio. Dio chiede di dominare. Se dunque dobbiamo fare la volontà di Dio, i nostri sensi devono aprirsi a questa verità fondamentale. Gesù pur essendo il Signore non è stato riconosciuto. Diventa fondamentale dunque imparare a vedere la sua signoria per riconoscerlo ed a fare nostra quella logica in cui il suo Regno, già oggi domina nel mondo. La croce è la fonte a cui si attinge l'acqua viva, il dono dello Spirito, imparando a riconoscere il proprio peccato, sperimentando subito dopo l'intimità dell'Amato del proprio cuore.

5.1 GUARDARE LA CROCE E IL SALVATORE

Siamo chiamati ad uscire da una prospettiva temporale come i giudei per entrare in una spirituale.
Il Regno di Cristo non si può trovare nelle forme di potere, ma in ciò che egli ha detto ed ha fatto.
Il re da burla, percosso, vilipeso, percosso ed umiliato dalla gente ed i soldati è colui che desidero incontrare nella preghiera. Il re ridicolo disprezzato è l'unico che può appagare il nostro cuore. È questo re che canonizza un delinquente direttamente. Lui il bersaglio indifeso sul trono infamante, che ha come vestito la sua nudità chiede di schierarsi con lui, un re con cui, alla luce di valutazioni umane, ti farebbe perdere. Solo il ladro, colui che usa l'occhio del cuore va oltre la maledizione attribuita a Cristo, lui solo vive l'oggi del Regno della vita. Lui, il ladrone, vive l'esodo dalle tenebre alla luce, e quel segno di maledizione, la croce, diviene il remo attraverso il quale la barca della sua esistenza approda al porto della gloria.
Anche noi nella barca della chiesa nella quale Cristo siede, siamo guidati ed orientati dal remo della croce.
Quanto è bello vedere come il rimprovero del ladrone al collega lo porta al discernimento della pena che sta subendo! Quel ladrone, definito buono, lo porta a fare una preghiera che trova una risposta infinitamente più grande. Alle nostre richieste Dio può superare infinitamente le nostre richieste.
È esperienza comune che l'ingiustizia ricevuta, per un credente spinge alla preghiera. Guardando al crocifisso si può scoprire proprio come il Cristo è l'icona del giusto perseguitato, come è di lui che si parla nel salmo 22 dove il buono è oggetto del male puramente e gratuitamente ricevuto.

Come i capi del popolo derisero la pretesa messianica di Gesù, anche noi possiamo non accoglierlo nella sua signoria; come i soldati che lo insultarono nella sua pretesa messianica, anche noi possiamo insultarlo non accogliendo nella nostra vita questa regalità. L'innocente fa la stessa sorte dei malfattori, ma in questo quadro prega, si rivolge a Dio nella sua figliolanza ricercando l'autentica paternità. In Gesù la croce da luogo di infamia si trasforma in epifania di meraviglia prima ancora della resurrezione e senza alcun miracolo.

Che bello! Gesù guarisce i più grandi malati, dona l'onore del paradiso a pubblicani e meretrici che, come il ladrone, hanno altri occhi per riconoscerlo nella sua grandezza.

Pietro ha paura di una servetta e il ladrone, nei tormenti, trova lo spazio per la pietà facendosi maestro rimproverando il compagno.

È proprio del vero Re morire per i propri sudditi: Gesù lo ha fatto in modo pieno e sublime allo stesso tempo.

Tutto questo ci può portare a sperimentare carnalmente la delusione, il tradimento, l'abbandono, l'angoscia portata nella preghiera che può diventare nella croce di Cristo, se questa è la sua volontà, il luogo della consolazione e delle meravigliose grazie.

Il Signore che si incontra nella preghiera è colui che esercita la sua signoria dalla croce. Egli è Signore poiché esercita la sua signoria, è dominus perché esercita il suo dominio. È re ed ha un trono come ci ricorda in maniera ridondante l'Apocalisse. Ma quale re sto incontrando?

I re ed i dominatori del mondo si servono degli altri, esercitano il dominio con la violenza, fanno guerre e sono attaccati al loro potere. In Gesù troviamo un capovolgimento di fronte. È questo Gesù che incontriamo nella preghiera. Egli è su un trono ma di legno. Porta una corona, ma di spine. Ha uno scettro, ma porta una canna. Gli vengono rivolte parole, ma di violenza. Viene venerato e riceve inchini ma nel sarcasmo e nel dolore.

Ogni volta che prego ho consapevolezza di questo Signore? La sua signoria chiede di allargare il suo dominio nel mio cuore. Chiede spazio al mio intimo ed è lì che vuol regnare e governare. Logica della croce. Credo che in maniera profonda Edith Stein abbia riflettuto su questo mistero in quel meraviglioso lavoro incompiuto e coronato con il suo martirio che è la *Scientia Crucis*.

È un lavoro che si ispira ad un'altra meravigliosa opera scritta da S. Giovanni della Croce: La notte oscura. Lì, sulla croce, si contempla la rivelazione di chi è Dio, lì si manifesta la Trinità.

Credo allora che la conversione nasca dalla capacità di rivolgere lo sguardo al crocifisso paradosso di un Dio che si dona totalmente, fino alla fine, senza limite. Questo non può essere secondario nella preghiera. Un'esperienza che si vive è scoprire come gli uomini pregando vogliono essere liberati dalla croce. Coloro che si uniscono nella preghiera a Dio lasciandosi modellare dallo Spirito chiedono di unirsi al mistero della croce per vivere e partecipare al mistero di redenzione e di salvezza che Cristo ha compiuto. Nella preghiera possiamo scoprire realmente, per dirla con s. Paolo, come siamo chiamati ad essere collaboratori di Dio.

Tante volte la croce è lodata, cantata, ma quando chiede di essere presa, condivisa si scopre quanta falsa fede si portava nel cuore e proprio allora si innesta il dubbio o l'allontanamento da Dio.

Ogni albero porta frutti. Dalla bontà del frutto si riconosce l'albero. Come ricorda il Vangelo un albero buono porta frutti buoni. La teologia cristiana ha visto nella croce l'albero della vita. Oggettivamente la croce è stata pensata per la morte. È frutto del pensiero umano che sa essere diabolico. Con la croce non solo si voleva dare la morte, ma sopratutto una morte infamante, carica di sofferenza. Sulla croce si moriva per soffocamento e se ti inchiodavano si aggiungeva il tetano. I chiodi, inoltre, erano spesso riutilizzati. Dalle croci non nasceva nulla, anzi moriva la speranza. Allora perché albero? Èun albero morto, senza vita, un albero che toglie la vita. Se dunque questo è vero, sbaglierebbe la teologia a definirlo albero di vita. Per definire la croce albero, non dobbiamo guardarla in sé, ma in riferimento al suo frutto: il crocifisso. Il crocifisso, Gesù, è il frutto della croce. Se nella Genesi, come ricordano i padri, un frutto ha dato la morte da un albero vitale, nella Rivelazione un albero morto dona il frutto della vita, di ogni vita: il Signore. In Lui, con la sua Resurrezione, nella morte trasformata in vita, la croce può dirsi realmente albero di vita. Tutto ciò porta inevitabilmente a delle conseguenze. Se il dolore, la morte, erano inutili segno di una angoscia senza speranza, nel Signore Gesù possono diventare il luogo dove si manifesta la grazia, la vita e la salvezza. Le croci, male in sè, nella croce di Gesù divengono il segno della benevolenza di Dio. È facile però inginocchiarsi in una via crucis, il venerdì santo o nella preghiera. È facile accettare questo, nella fede, se non sono confitto nella croce. Il mistero cristiano chiede con forza di riconoscere lì dove domina la sofferenza la presenza di Dio, la sua bellezza sfigurata, come è stato sfigurato il più bello tra i figli dell'uomo.

La tradizione popolare ci parla delle sette parole di Cristo, su questo si sono create devozioni e pratiche di pietà. Sulla croce però Gesù ha fatto soprattutto silenzio comunicando e annunciando, più che con i miracoli o l'incanto delle parole, con il dono di sé. La croce allora diviene il luogo dove possiamo imparare a vincere il nostro egoismo, imparando a pensare agli altri, proprio quando saremmo autorizzati a pensare a noi stessi. Il Cristo è colui che giustifica l'uomo dal male e lo rende giusto. Siamo chiamati, mediante questo evento, a credere per avere la vita e la salvezza[61]

---

[61] Tutta la lettera ai Romani sottolineerà come la salvezza è per la fede e non per le opere della legge. Cf. " Il giusto vivrà mediante la fede" Rm 1, 17

5.2 L'AGNELLO, FIGURA DELLA AUTENTICITÀ DEL CRISTO

Una figura da contemplare è l'agnello. Mi ha aiutato tanto nel mio percorso. Interiorizzare sempre più questa immagine, secondo le categorie bibliche, ci aiuta ad entrare meglio nell'incontro con il Risorto. Gesù è l'agnello senza difetto, maschio[62] di cui quello della Pasqua ebraica era figura. Egli si è fatto offerta nella luna nuova, in una pasqua che redime una volta per sempre. Non la nascita di un animale che per i beduini era segno di festa e di gioia, ma la nascita del figlio di Dio, l'agnello della nostra salvezza è causa di gioia per l'umanità intera. Come non pensare allora ad Isacco, che viene risparmiato per il sacrificio di un agnello per l'olocausto, figura di Gesù. Dio prova l'uomo ma non vuole la morte, l'uomo non solo ha provato Dio, ma ha ucciso anche suo Figlio. In Isacco dunque vediamo il prototipo di un sacrificio che da valore a tutte le figure ed i riti commemorativi degli eventi del popolo di Dio. Interessante: l'agnello non doveva avere alcun osso spezzato[63]. Questo particolare è ripreso da Giovanni[64]. Non il sangue di un animale sugli stipiti di una porta redime e salva, come è stato per i primogeniti di Israele in Egitto, ma il sangue di Cristo vero agnello immolato. Ma è interessante scoprire come in ebraico la parola agnello ha anche un altro significato: servo. Gesù è il servo di Dio portato al macello[65], egli è colui che portava su di se il peccato di molti (cf Is 53, 12) per la salvezza di tutti[66]

"Ero come agnello innocente portato al macello, non sapevo che essi tramavano contro di me.."[67]

Come non riconoscere in ciò la passione di Gesù. Ma Gesù non è solo morto, ma è risorto, ha vinto il peccato e la morte donandoci la grazia di partecipare al suo mistero di salvezza.

L'immagine dell'agnello viene ripresa dall'Apocalisse per ben 28 volte. È meravigliosa l'immagine dell'agnello trafitto ma in piedi, morto e risorto. Per parlare dell'escatologia finale il testo parla delle nozze dell'agnello[68] e per richiamare il tema del giudizio l'apocalisse usa l'espressione ira dell'agnello[69]. Egli è l'agnello vittorioso, è in Lui che si realizzerà il matrimonio mistico con l'umanità tutta. Questo è bellissimo, ma per venire alla nostra quotidianità come non ricordare che il Signore ha pensato a noi come agnelli affidandoci al ministero petrino. Questa figura, diventi oggetto di preghiera profonda. Da sola, accolta nella luce della Parola e nella docilità all'azione dello Spirito Santo ci eleva alla fede nel cuore stesso di Dio.

Pietro per predicare il Cristo parlava di Lui come agnello senza macchia[70].

---

[62] Cf. Es 12, 5
[63] Cf Es 12, 46
[64] Cf. Gv 19, 36
[65] Cf. Is 53, 7
[66] Cf. Is 53, 5.
[67] Ger 11, 19
[68] Cf Ap 19, 9
[69] Cf. Ap 6, 16
[70] Cf 1 Pt 1, 19

Una delle grandi prove che possiamo sperimentare nella nostra preghiera è il dubbio del dolore innocente. Come non pensare, ad esempio ad Auswitz, luogo che per tanti è simbolo di una imputazione contro Dio. L'agnello era lì, dalla parte delle vittime, era con loro. La fede non spiega il dolore ed ancor meno la ragione, pensiamo all'esperienza di Giobbe con i suoi amici che lo accusavano difendendo Dio. Dio darà ragione a Giobbe, anche se accusato. Gesù non spiega il dolore, lo prende su di sé e trasforma la maledizione in benedizione. Dio soffre, in Gesù, da innocente ed è il suo castigo di agnello senza macchia che ci da salvezza.
Il più grande scandalo resta il dolore innocente, che in Gesù diviene fecondo. La sofferenza da Gesù in poi è possibilità di partecipazione all'opera salvifica di Gesù. La lettera agli Ebrei riafferma tale verità con queste parole: "Pur essendo Figlio, imparò tuttavia l'obbedienza dalle cose che patì e, reso perfetto, divenne causa di salvezza eterna per tutti coloro che gli obbediscono"[71].

5.3 IL DESERTO SPIRITUALE

Dio ha pensato per l'uomo il giardino, simbolo dell'amicizia, della relazione autentica dell'umanità con la divinità. L'abbraccio di Dio, il suo amore, la sua presenza, paradossalmente mi chiede di passare dal deserto. Perché? Gesù per ridonarci il giardino, per riportare l'umanità in quello stato di grazia, passa per il deserto. Gesù vive il deserto, lì vive il combattimento spirituale e ci insegna a vincere la tentazione. Il deserto è la conseguenza della disobbedienza umana che Cristo con la propria obbedienza trasforma in giardino. La rovina ha a che fare con la sfiducia, con l'idea che Dio possa ingannarci, con il fatto che Dio possa essere invidioso della nostra libertà. Il cuore umano, luogo di bene e di male, inizia a pensare con i propri pensieri e sentimenti lontano da Dio. Il pensiero dell'uomo che dubita di Dio richiama la tentazione primordiale dove l'io diventa l'ordine delle idee, il principio morale legato ad una visione profondamente referenziale.
Gesù nel suo itinerario spirituale passa per il deserto e chiede questo passaggio a tutti coloro che gli appartengono. Nel deserto il Padre non si sente, non lo si vede: va fatto un atto di fiducia nei suoi confronti, viene chiesto l'abbandono.
Nella preghiera nell'itinerario spirituale, arriveranno i momenti dove lo spirito si sente abbandonato. Il Signore permette che i suoi figli si sentano distanti da Lui, permette che siano provati nella fede. Perché?
La vera lontananza non è il deserto, ma il peccato. Proprio quando si sente lontano Dio, Lui è vicino. Nessuno è così peccatore da non poter entrare in chiesa, ma neppure così giusto da poterne fare a meno. Il deserto nel Vangelo è il luogo della vittoria e non della sconfitta come lo è stato per

[71] Eb 5, 8-9.

Israele dinanzi alla tentazione. Il deserto ci ricorda che non siamo ancora nella pienezza, che il male, anche se in Cristo è stato sconfitto definitivamente, opera e può tentarci.
Non bisogna aver paura del deserto poiché non è solo il luogo della tentazione, ma è soprattutto il luogo dell'intimità con Dio, è il luogo della Parola che parla al cuore di tenerezza e gioia.
Tutti i santi hanno avuto a che fare con il deserto spirituale, la santità chiede tanto deserto, tanta tentazione. Il deserto è il luogo dell'esercizio della libertà della fede per purificare il cuore ed essere nuovi. Il deserto ci richiama le ferite del primo Adamo, assetato di felicità ma tradito dal proprio io, lontano dalla fiducia del suo creatore, ripiegato su se stesso, sulle proprie voglie. Il deserto è l'espressione della nudità umana, della consapevolezza del suo limite.
Dio si è sporcato le mani, ha donato il suo Spirito, ma il frutto del peccato ha portato lo stesso nel luogo della non vita, nel deserto. La condizione del deserto ci fa sentire morti, vuoti dell'uomo, senza frutto perché lì nulla può essere seminato per portare vita. Gesù però semina nel cuore la Parola, semina il silenzio di preghiera ed intimità, riempie la sua vita in fiducia totale, libero di abbandonarsi al Padre. È nel deserto che si manifesta la libertà di Gesù, è nel deserto che si manifesta la nostra fiducia nel Signore. Nel deserto si sperimenta la fame, ma Cristo ci indica la fame della Parola. Il primo atteggiamento dunque nel deserto spirituale è un ritorna ridondante alla Parola senza alcuna pretesa che dia frutti immediati.
Nel deserto spirituale la fede viene tentata dall'intelligenza, la speranza dalla memoria e l'amore dalla propria volontà. S. Giovanni della Croce parla della prima notte che è quella dei sensi.
Il ricordo si farà presente per allontanarci da Dio, cercando di toglierci la speranza. L'intelligenza cercherà di alimentare il dubbio contro la fiducia in Dio e il nostro io, la naturale inclinazione al male che ci portiamo dentro tenterà di allontanarci dall'amore. Tali tentazioni le sperimentiamo ogni giorno in maniera ordinaria, ma in un modo tutto particolare nel deserto spirituale. Come in ogni battaglia ci vogliono armi, così nella lotta spirituale ci sono armi spirituali, doni di Dio attraverso i quali possiamo difenderci e non soccombere alla tentazione.
Una delle esperienze più tragiche che si possono vivere è l'abbandono. Possiamo provare un senso di abbandono con la dipartita di una persona cara, con la partenza in un paese lontano di un caro o con l'assenza di un amico. L'assenza, non il vuoto. Il vuoto genera il non senso, l'assenza il dolore per la mancanza. Tale dolore per la mancanza diventa ineludibile se si riferisce a Dio. Poniamoci nei panni di chi ha scelto di spendere l'intera vita per il Signore e Lui diviene assente. Perché questo? Perché una persona sempre dedita ai suoi doveri, dedita alla vita spirituale si può trovare in questa situazione? È Dio che lo permette come ha permesso l'esilio del suo popolo, come ha permesso la lontananza di Giuseppe da suo Padre Giacobbe e come ha permesso l'apparente sua assenza con Gesù che lo invocava sulla croce. Dio permette quella sofferenza che non vuole. La parola ultima però non è l'esilio, non la schiavitù, l'abbandono e la solitudine. Tutto ciò non è il

fine, ma può essere lo strumento che porta alla libertà, alla liberazione, alla comunione ed alla bellezza di una presenza che tutto riconcilia e salva.
Il deserto spirituale, in maniera straordinaria vissuta dai santi, è il luogo della purificazione, il luogo dell'abbandono e della piena fiducia proprio perché non gratificante, non interessato e soprattutto non desiderato ed assolutamente non gradito. Eppure, proprio nel deserto come ci ricorda la Scrittura, Dio è in grado di far germogliare ogni cosa, lì dove si viene tentati per eccellenza, nell'isolamento Dio può parlare al cuore del suo popolo come un amato al cuore della sua amata.
Invito a leggere un testo di S. Giovanni della Croce intitolato la *Notte oscura*, testo che riesce meglio ad esprimere, da un lato il dramma del deserto spirituale e, dall'altro, la meraviglia e l'intimità che può generare: trasformare l'amata nell'Amato, l'umanità in Dio. Altri santi sperimentano il deserto, in esso si rafforzano, purificano e si divinizzano realizza la cristificazione. Scopriamo come il deserto può trasformare e trasfigurare i nostri sensi alla luce di Cristo.
Cristo risorto si lascia incontrare in un Giardino, passa per il deserto, ma viene a restaurare quel giardino dal quale il primo uomo fu cacciato. Dal deserto si passa, ma non si resta. Ci possono essere lunghi deserti ma se ci fidiamo di Dio non saranno permanenti. Può apparire strano, ma il deserto è una esperienza di grazia spirituale, di crescita interiore e di profonda ed autentica comunione con Dio.

5.4 L'ARIDITÀ NELLA PREGHIERA

Non è facile vivere alla presenza del Signore, aderire alla sua signoria, riconoscerlo come il liberatore e salvatore nostro. Sperimentiamo continuamente la tentazione. È bene allora riportare alla nostra memoria come il Signore stesso ha vinto il maligno e con quali armi possiamo vincerlo, uniti a Cristo, nel combattimento spirituale.
Come Cristo è stato tentato, così ognuno sarà chiamato ad affrontare il Maligno. Riporto una brevissima riflessione sulle tentazioni di Cristo, simbolo delle tentazioni di ogni tempo.
Capita talora che la preghiera sembra non dire nulla. Il primo pensiero che si rende presente nella mente è quello di pregare di meno, di fare buoni propositi decidendo di dare più tempo a un eventuale successivo momento di spiritualità o anche dedicare quel tempo apparentemente perso a qualcosa di più fattibile. A me colpisce come i santi ci mettono in guardia dalla tentazione. Ho scoperto come la stessa s. Teresa d'Avila usava la clessidra per imporsi un tempo consono per la preghiera perché viveva tale difficoltà. S. Ignazio chiedeva di raddoppiare il tempo della preghiera che ci si proponeva di fare se una tale tentazione si rendesse presente. Personalmente ho imparato che la cosa più facile è fuggire, ma è anche l'atteggiamento più sbagliato. Lo stesso Gesù ha vissuto la preghiera nel Getsemani come agonia, parola la cui radice significa combattimento. La preghiera

è allora combattimento più che gratificazione, è fatica più che dolcezza. Se non si passa da tali esperienze si rischia di fermarsi alle preghiere e di non vivere la Preghiera. Lo stesso Gesù confermato dalla voce del Padre, non richiesta peraltro, quando chiede a Lui di farsi sentire, dalla croce, non ottiene risposta. Dio parla non dicendo nulla, specie quando noi desideriamo ascoltarlo. Egli è colui che è vicino al Figlio più di chiunque altro proprio quando il Figlio sembra non avvertire la sua presenza. Tanti artisti medioevali rappresentano la Trinità come il Padre che ha tra le mani la croce con suo Figlio in offerta all'umanità per la salvezza del mondo. Il silenzio dell'aridità spirituale è assordante e chiede di essere affrontato come Gesù ha affrontato il silenzio del deserto con le successive tentazioni. Non si deve mai permettere alla fatica della preghiera, alla poca gratificazione di essa, ai dubbi o tormenti interiori di allontanarmi dalla stessa. Come un pioppo è ben fissato al terreno attraverso la sua radice centrale, così la nostra fede in Gesù, che è la roccia ferma, non ci allontani dalla tentazione di abbandonare la nostra preghiera.

Possiamo essere tentati dall'accidia perché proprio nel mezzo della giornata si può essere colpiti dalla tentazione di non volar fare più nulla. Questo perché ci si guarda indietro e si vedono le cose che mancano rispetto al desiderio iniziale e si guarda avanti senza alcuna aspettativa. Tale tentazione può mostrarsi con il desiderio di fare delle cose buone per gli altri e dunque trascurare la preghiera. Come vincere tale rischio se, ad esempio, il tempo della preghiera diviene pesante ed inizio a pensare che sarebbe meglio fare qualcos'altro? La risposta allora per allontanare la stanchezza e la fatica di non riuscire a pregare è la preghiera fervorosa. Come la pigrizia si vince con il lavoro, così l'accidia spirituale va vinta con la preghiera.

Il buio e la tentazione sono un passaggio, paradossalmente un mezzo per la pienezza.

Attraverso l'iniziativa di Dio le tenebre si aprono alla luce, il peccato viene superato dalla sovrabbondanza di grazia, le schiavitù vedono le catene sciolte e ricomincia un cammino di libertà che trasforma la morte in vita[72].

Allora diviene reale nell'esistenza dell'uomo di oggi quella gioia che è passata dalla tristezza, dalle lacrime e dall'andare via, periodo di una semina, che successivamente vede il raccolto e con esso la gioia[73].

Le tenebre sono vinte perché la vera luce del mondo diviene carne, realtà che si incarna nell'oggi ogni volta che i cristiani si lasciano illuminare dal maestro illuminando a loro volta, non di luce propria, ma di luce riflessa[74].

Dio si interessa perché ci aspetta rispettosamente, chiede solo di entrare. È Lui che attende, bussa ed aspetta[75].

---

[72] La schiavitù si apre ad una speranza che da luce lasciando intravedere la gioia. Cf. Is 66, 5.

[73] Cf. Sal 125, 6.

[74] Cfr. Mt 5, 14-16.

[75] Ap 3, 20.

Anche la letteratura ha ricordato questo passaggio dal buio alla luce. È suggestiva la visione della grazia in Dante personificate da due donne luminose: Beatrice e Lucia. Come non ricordare le opere *I demoni* ed I fratelli Karamazov di Dostoevskij costruiti sull'itinerario della coscienza e del pellegrinaggio spirituale che passa dalla luce alle tenebre.

CAPITOLO VI

I FRUTTI DELLA PREGHIERA

Immensi sono i frutti che Dio può elargire nella preghiera. Chi incontra Lui sperimenta come il cuore sperimenta la capacità di perdonare, vincendo l'odio; di ringraziare superando i colpevolismi o i moralismi, gustandosi la bellezza delle meraviglie del creato e dei benefici personale. L'anima scopre soprattutto la gioia. Gesù è venuto perché avessimo una gioia traboccante. Amore, pace e gioia, come ricorda s. Paolo nella lettera ai Galati, sono frutti dello Spirito. È lo stesso Spirito che alimenta e sostiene la nostra preghiera. Ogni dono è aperto, incommensurabile ed indescrivibile. Mi pongo dunque con grande umiltà, balbettando poveramente ciò che il Signore può compiere meravigliosamente per ognuno di noi. Il primo frutto spirituale è l'amore per il prossimo che si fa carità concreta, offerta di sé per il bene dell'altro. Mi piace qui richiamare un pensiero di un padre della Chiesa: "Se ciascuno si prendesse ciò che è necessario per il suo bisogno, e lasciasse il superfluo al bisognoso, nessuno sarebbe ricco e nessuno sarebbe bisognoso. Non sei uscito nudo dal seno di tua madre? E non ritornerai nudo alla terra? Da dove ti vengono questi beni che possiedi? Se dici dal caso, sei privo di fede in Dio, non riconosci il Creatore e non hai riconoscenza per colui che te li ha donati; se invece riconosci che i tuoi beni ti vengono da Dio, spiegaci per quali motivi li hai ricevuti[76]

6.1 PREGHIERA E PERDONO

Non di rado capita di entrare nella preghiera con ferite. In una cultura della violenza subliminata in altre forme di tipo morale o psicologico, si arriva arrabbiati ed il rischio è quello di incontrare il proprio rancore, la propria rabbia e risentimento senza lasciare spazio al Signore.

Non si tratta di eliminare quei sentimenti, ma di accettarli così come si presentano. Come un vaso può essere pieno di terra, così può capitare di pregare pieni di rabbia. Come un vaso pieno di terra però può ricevere acqua, così possiamo ricevere lo Spirito Santo e trasformare quell'aridità di amore in opportunità di grazia e consolazione, mediante la sua presenza.

Il male fa male e sappiamo ben che, anche dopo duemila anni di cristianesimo, la logica del perdono non è semplice o facilmente applicabile. Nelle ferite di Cristo posso portare le mie ferite, nel suo dolore portare il mio. Allora il paradosso cristiano del dolore offerto che ha a che fare con il

[76] Basilio di Cesarea, *Omelia sull'avarizia*, 6, 7.

perdono, diventa esperienza e primato di appartenenza. Potrò perdonare se ho fatto esperienza del suo perdono. Potrò andare oltre il male ricevuto se guardando il crocifisso permetterò che quella immagine si imprima nel mio cuore e diventi esperienza vissuta, presenza permanente alla memoria ed al cuore. Pregare, incontrare il Signore che ama e perdona è l'esperienza che, nella vita mi aiuta ad andare oltre. Non devo dimenticare che il perdono di Cristo era doloroso, i suoi chiodi infatti non hanno smesso di creare nel corpo dolorose atrocità, la corona non ha smesso di affondare le sue spine nel cranio con una permanente tortura assolutamente intollerabile. Perdonare fa male perché le ferite sono aperte, ma è lì che il perdono è amore autentico. D. Tonino Bello era solito dire che l'infinito del verbo amare è perdonare: è proprio così. Nel perdono l'uomo può amare divinamente, perché il divino, in Gesù, ha amato fino in questa misura nella pienezza dell'umanità. Tutto ciò non è un merito, ma un dono, una grazia che solo Dio può permettere. Ma tale grazia, come insegna la spiritualità ignaziana, è da chiedere in ginocchio. Il rancore, la rabbia sono le porte del maligno per allontanarci da Cristo nostra salvezza.

Anche nel perdono però, la memoria e il silenzio tenderanno a riportare talora alcune esperienze vissute specie se di grande sofferenza, frutto di male gratuito. La memoria, nella preghiera è chiamata ad aprirsi alla speranza che è la croce di Cristo. Sperimentare che già la croce è la risposta il luogo di salvezza mi aiuta a capire come la vittoria già c'è se già ora sono unito a Cristo. È con la croce che Lui manifesta la sua signoria e salva. È nel dolore unito al suo che sono salvato e non sconfitto. Questo è un mistero divino, ma assolutamente reale e sperimentabile nel suo amore. La preghiera diviene allora l'esperienza esistenziale di questa mistica che appartiene ad ogni battezzato. Non è un privilegio, è l'amore di Dio che può essere incontrato da tutti effettivamente ed affettivamente.

Dio non è un merito, è grazia. Mi piace qui richiamare l'immagine della parabola del fariseo e del pubblicano. Chi pensa di avere Dio ha soltanto il suo io, chi chiede perdono incontra Lui, prega veramente, ottiene la sua grazia.

Quante volte pensiamo che Dio è come un notaio delle opere giuste e quante volte proprio dalla spiritualità può nascere l'arroganza e l'orgoglio. C'è la superbia di chi ha l'illusione di salvarsi da solo. È interessante come S. Paolo si scaglierà pensando a questo modo di vivere la fede.

Nella preghiera allora Dio incontra i peccatori, non i giusti perché, essi, sono così pieni di sé che non hanno spazio, hanno posto solo per incontrare loro stessi.

Ci sono preghiere che non sono incontri ma monologhi, parole che non si elevano a Dio ma auto incensazione, esteriorità e ipocrisia.

La preghiera dell'umile non solo viene accolta da Dio, ma soprattutto chi venera Dio verrà da Lui accolto con benevolenza.

Anche la preghiera può divenire una forma di auto-celebrazione, un mettersi in mostra dinanzi a Dio, al fratello o al proprio io.
Chi si ferma all'umano, alla legge, al proprio io non incontra Dio anche se pensa di parlare con Lui.
È accogliendo il Vangelo della grazia, dalla consapevolezza del proprio peccato che si incontra Dio, uscendo da se stessi per sperimentare la misericordia.
Alla mentalità legalistica della separazione, del puritanesimo, della stretta osservanza formale, Dio accoglie la preghiera fiduciosa ed insistente.
Nella parabola di Gesù, il fariseo fa una preghiera atea perché si pone con un uomo senza bisogno di Dio. Dio a lui non può dar nulla perché basta a se stesso, è quasi sminuito per non dire degradato alla propria orizzontalità. In piedi, testa alta, mani verso il cielo: una commedia perfetta della preghiera, per mettere al centro sé stesso. Un uomo bravo che dà frumento, mosto, olio, che aiuta i poveri che si ricorda di sostenere il tempio. Un uomo che dà il 10%, uno che rimedia per gli evasori di tasca propria.
Quanto è facile il paragone con quel ladro, sfruttatore, collaborazionista dei nemici. Lui sì che fa bene a tenere gli occhi bassi, fa bene a battersi il petto per i suoi peccati.
Ma dietro a quel battersi il petto non c'è un fermarsi al proprio senso di colpa, c'è una preghiera al TU di Dio, un'invocazione di misericordia, una consapevolezza di ciò che si è, un giungere al senso del peccato che quando riconosciuto diventa il luogo della rivelazione di Dio: l'amore misericordioso, totale, gratuito ed incondizionato.
Tutto viene capovolto non perché sono condannate le buone opere o venga approvato l'atteggiamento del peccato.
L'errore sta nel fatto di illudersi di avere la vicinanza di Dio con arroganza, di non sapersi collocare in termini di gratuità.
La grazia del pubblicano è riconoscere di essere una canaglia, sapere di non avere nulla di cui vantarsi. Il giudizio di Dio capovolge ogni prospettiva. Quanto è importante chiedersi nella preghiera quale dei due atteggiamenti ho!
Potremmo parafrasare un detto: dimmi come preghi e ti dirò chi sei. Il modo di pregare dice l'idea che ci portiamo di Dio, la proiezione che abbiamo di Lui. Chi è Dio: giustizia o misericordia? Grazia o merito? Un contabile o un padre pronto nell'amore a dimenticare?

6.2 LA PREGHIERA E RINGRAZIAMENTO

Confessare il grazie a Dio per tutti i suoi benefici o semplicemente per ciò che Egli è nei nostri confronti. Quanto è facile però essere ingrati! Come è facile dimenticare il bene ricevuto! È la storia di sempre. Non solo di chi si sente tradito da un amico, di chi ama e soffre per il fatto di non sentirsi ricambiato. Lo stesso Israele dimenticava gli innumerevoli benefici ricevuti da Dio. Non costa nulla dire grazie, eppure perché sembra così difficile? È proprio vero, stranamente il grazie ti arriva da chi non te lo aspetti. Pensiamo a Gesù; un giorno guarì dieci lebbrosi, dette loro una vita nuova e quegli uomini..neppure un grazie. Solo un samaritano, un nemico. Non ringraziare, dimenticare la gratuità del beneficio ricevuto ci porta, con il tempo a dimenticare il donatore di tale bene.

Se non incontriamo Dio è anche perché troppe volte i beni sono vissuti in sé, lontani dal datore. Di ogni cosa dovremmo dire grazie. Tale dimenticanza ci fa scordare di Dio. Spesso siamo come quei bambini che si scordano dei benefici continui del genitore e si lamentano di quella caramella o cioccolata che volevano e non hanno ricevuto.

Al samaritano che ringrazia, oltre la guarigione, viene offerta la salvezza. Impariamo ad essere grati per sperimentare il vero volto di Dio che non è solo bontà, ma soprattutto misericordia. La preghiera è soteriologica, esperienza di salvezza, quando la miseria del nostro peccato incontra la misericordia del Signore stesso[77].

È interessantissimo sapere che i gesuiti sono chiamati a fare più volte l'esame di coscienza al giorno. Tale esame è innanzi tutto una lode a Dio, una confessione della sua grandezza, del suo amore in un atteggiamento grato della creatura verso il suo creatore.

È bello sentirsi dire grazie. Dio è la grazia, la fonte di ogni beneficio. Ogni grazie trova la sua fonte ed origine in Lui. In Gesù ogni cristiano è in grado di ringraziare anche nel dolore per il valore di soddisfazione vicaria che lo stesso assume e soprattutto perché non è quello il luogo della permanenza, ma il passaggio che apre ad un bene grande ed inesauribile.

6.3 LA FESTA DI DIO E LA GIOIA DEL PADRE

Dio è gioia, ma quando gioisce? Usando categorie antropologiche possiamo dire che come gli uomini provano la tristezza e la gioia così avviene in Dio. So bene che questa affermazione mette in discussione modelli filosofici con cui si è voluto fare teologia, ma se dobbiamo riferirci alla Parola, nel suo linguaggio antropomorfico, è proprio così. La tristezza del Padre è il peccato dell'umanità. Egli però lascia aperta la porta della misericordia. La giustizia di Dio, nella verità, chiama il male per nome e lo condanna. La condanna oggettiva del peccato, non diventa immediata condanna personale. Dio lascia libero l'uomo, ma vuole la sua felicità, donare il suo Regno, il Paradiso. Alla luce di questa affermazione diviene però legittima una domanda. Se Dio vuole la felicità dell'uomo perché ha permesso l'inferno? Il mistero supera infinitamente la conoscenza, ma ci sforziamo di illuminarlo con la ragione. È bene chiedersi: se uno mi ama, può obbligarmi ad amarlo, o nell'amore

[77] Questa immagine è usata da S. Agostino quando commenta il dialogo di Gesù con l'adultera appena salvata dalla lapidazione.

c'è la libertà del rifiuto? Non è forse vero che l'amore è il frutto di due libertà che scelgono. Dio, dunque, permette all'uomo la possibilità di rifiutarlo. Alla luce di ciò l'esistenza dell'inferno diventa una necessità, altrimenti si diventerebbe burattini manovrati da una mente superiore. Qualche teologo dice che l'inferno esiste, ma che è vuoto perché il Signore, nella sua infinita misericordia farà di tutto per redimere gli uomini di ogni tempo e di ogni luogo. Io credo che basterebbe contemplare il crocifisso ogni giorno, pensando all'offerta ed alla sofferenza del Padre, per scoprire quanto ci ama. Penso che la misericordia fa più paura della vendetta. Il cuore concepisce la vendetta nella sua umanità poichè spesso viene confusa con la giustizia. Un esempio è concepire la pena di morte come legge di civiltà. Se la vendetta è umanamente comprensibile nella sua disumanità, la misericordia è umanamente incomprensibile per la sua divinità. La misericordia è il frutto della grazia e non del merito. In una società fondata sul dare ed avere è quasi inaccettabile la logica della misericordia, per il fatto che è fuori di ogni logica comune. L'amore di Dio non lo si impara, lo si incontra e da tale esperienza si impara la novità del vivere che è la vita stessa. La vita è nuova se sperimenta il cuore di Dio alla luce della propria miseria, in una bontà inaspettata, altrimenti diventa un vivacchiare, sopravvivenza.

La misericordia di Dio è disumana, dal nostro punto di vista, ma dal punto di vista del Signore è autenticamente umana, poiché manifesta l'atteggiamento più vero dell'uomo che lo rende somigliante al suo Signore. Dio, nella Scrittura, è definito come colui che si ricorda della sua misericordia. Se l'uomo non riesce a dimenticare il male fatto o subito, Dio ricorda il bene donato, che chiede di essere rinnovato, per-donato dunque.

La preghiera mi porta a vivere un incontro con il Padre della misericordia. Per sperimentare la misericordia si deve prendere coscienza della propria distanza da Dio. Pensiamo alla parabola del Padre misericordioso. Il figlio per scoprire il padre vicino, più di quanto lo era fisicamente, ha dovuto sperimentare la distanza fisica da lui. Viceversa, si può essere vicini fisicamente e lontani con il cuore. È questa l'esperienza del fratello maggiore, vicino al padre, ma in una dimensione utilitaristica, finalizzata ad i suoi interessi, legato ad una visione strumentale del bene. Credo che questa immagine possa aiutarci a comprendere meglio la differenza tra la preghiera e le preghiere. La preghiera è un ritornare al Padre, alla sua misericordia infinita ed inaspettata, le preghiere possono portare al disincanto ed alla delusione perché possono essere fondate su una visione meritoria, interessata ed utilitaristica. La lontananza dal padre, l'esperienza di buio, riscoprirsi senza la dignità di figli, può portare anche con la scusante della necessità egoistica, a scoprire la misericordia. È interessante notare che gli esegeti non parlano del ritorno al padre come una conversione spirituale, nella parabola, ma di un cammino a ritroso per bisogni puramente alimentari e di utile rispetto alla situazione degradante che si stava vivendo. Talora questa esperienza la si può scoprire personalmente. Alcuni lontani che si avvicinano alla spiritualità per discorsi utilitari, come i sacramenti per i figli o le feste tradizionali del Natale o la Pasqua, o magari ad un dialogo spirituale più per sensi di colpa che per pentimento, possono incontrare una misericordia inaspettata, un bene inatteso che è l'amore di Dio.

Ciò che allontana dall'amore è il peccato, la pretesa di una falsa libertà. Dio può essere percepito come oppressivo, come un padrone e per questo motivo ci si allontana da lui. Nessuno vuole essere schiavo e dunque si inizia a pensare che l'ubbidienza filiale è una forma di schiavitù. Non è forse questo che capita ai giovani? La stessa Parola, se non motivata radicalmente, può risultare una oppressione limitante e mortificante.

6.4 ABITARE LA TRINITÀ

I frutti si riconoscono dall'albero e dai semi dello stesso c'è un tornare alla stessa origine, nasce una pianta che diventerà lo stesso genere di albero. La preghiera cristiana è sempre trinitaria, come la liturgia ci insegna, educandoci a questo mistero. Il Signore vuole i suoi figli, eredi di Dio, coeredi di Cristo[78], lì ha scelti fin dalla fondazione del mondo[79].

La preghiera ci permette di abitare la Trinità. La Trinità non è solo un mistero da credere, ma è l'origine e il fine del nostro vivere. Tornare alla Trinità è tornare allora all'origine del nostro essere cristiani, contemplare la meta che ci attende ma sperimentare già oggi, nella preghiera, la sua in abitazione in noi e noi nella Trinità. Tradizionalmente si attribuiscono alle persone della Trinità delle caratteristiche. Il Padre è il creatore, il Figlio il Redentore e lo Spirito Santo il santificatore.

Nella trasfigurazione, al battesimo, sulla croce e nella resurrezione contempliamo l'opera trinitaria.

Nel brano della trasfigurazione c'è l'uomo Gesù sul monte, una voce ed una nube. L'uomo è il Figlio, la voce è quella del Padre e la nube, come l'Antico Testamento ci ricorda richiama la presenza dello Spirito. Nella Risurrezione il Padre manifesta la sua potenza, il Figlio riprende la vita liberamente offerta attraverso lo Spirito che vivifica e lo glorifica. La preghiera attinge i suoi frutti al mistero della Trinità. Pensiamo ad esempio come durante il segno della croce richiamiamo simbolicamente, la mente, toccando la fronte; i sentimenti, toccando il cuore; e la forza toccando le spalle. Mente, sentimenti e forza sono simbolo di tutto l'uomo nella sua integralità. Facendo il segno della croce chiediamo alla Trinità di entrare in ciò che siamo, di agire nelle sue persone. Come inoltre non pensare alla preghiera della chiesa, quella dei salmi che scandisce la preghiera quotidiana. Tutti i salmi vengono conclusi con la preghiera del gloria, alla Trinità, non solo per devozione, ma perché nel Dio trinitario posso trovare la luce per la comprensione di ciò che prego. Il simbolo della nostra fede, il Credo è strutturato come proclamazione Trinitaria. Credo in

---

[78] Cf. Rm 8, 17

[79] Cf. Ef 1, 4

riferimento al Padre, al Figlio ed allo Spirito. Si dice credo la Chiesa, anche se può sembrare un errore grammaticale, perché si crede solo in Dio. La Chiesa è icona della Trinità, sua presenza e sacramento ma non Dio. Per parlare della Chiesa inoltre non si può non richiamare la Trinità. La Chiesa è icona della Trinità, una perché Dio e santa perché la Trinità e santa.

Ma per capire l'identità stessa dell'uomo ho bisogno di reinterpretare la sua identità alla luce della rivelazione cristiana. L'uomo immagine e somiglianza di Dio, diviene immagine e somiglianza della Trinità. Il cielo è comunione con la Trinità. Alla luce di questi accenni la preghiera è relazione con la Trinità, è l'adorazione. Tutta la nostra vita è, spiritualmente, rivelazione della Trinità. La fede in Dio si fa rivelazione, la speranza che attendiamo è già presenza nel nostro oggi, la grazia della trinità che è presente in noi. Amore diviene, nella preghiera, relazione con la Trinità. Sono stati spesi fiumi di inchiostro sulle relazioni che intercorrono all'interno della Trinità e nella dinamica relazionale della Trinità all'interno della relazione. Anche tanti artisti hanno parlato della Trinità, attraverso il linguaggio figurativo, con intuizioni profondissime e degne di rilievo per la stessa teologia. In occasione della mia ordinazione, come immaginetta in ricordo ho scelto l'icona di Rublev. L'insegnamento iconologico di questa icona credo che resti sempre aperto. A me, piace ora richiamare solo un simbolo: la tavola quadrata. Sì, la Trinità siede ad una tavola quadrata, c'è un posto in più. Il posto è per me, per te, per l'umanità tutta. Quel posto è nostro quando entriamo in preghiera, ci sediamo nella Trinità. Mi siedo lì ogni volta che ascolto la Parola, faccio esperienza dei sacramenti, vivo il Vangelo. Ma nella preghiera, entro nella Trinità. Come Gesù nella vita, come per la Chiesa con l'Eucarestia, così la Trinità ci invita alla sua tavola perché la preghiera porti frutti traboccanti di vita eterna. I frutti spirituali della preghiera allora portano tutti allo stesso albero, la Trinità radice, fonte e senso di ogni cosa che era che è e che viene. Frutto della preghiera allora è scoprirmi creatura, redenta e santificata dalla Trinità tutta, immersa nel suo Amore ed in cammino in Lei, senso ultimo della mia storia e della storia tutta.

CONCLUSIONE

La preghiera è il luogo dove si impara il discernimento. C'è prima di tutto un discernimento, frutto dello Spirito che trascende lo sguardo umano. Un esempio lo troviamo nell'Antico Testamento quando il profeta Samuele cerca tra i figli di Iesse il futuro re di Israele. Coloro più grandi, più forti, degni secondo lo sguardo del profeta non lo sono per Dio. Lo sguardo di Samuele è umano, si ferma all'apparenza, Dio scruta il cuore, guarda con il suo cuore. Sarà scelto il più piccolo, Davide, che era al pascolo, perchè non considerato degno, al momento, della presentazione al profeta. Il modo di vedere di Cristo parla di questa diversità. Il suo modo di parlare passa per l'incomprensione perchè Gesù guarda il mondo in maniera completamente diversa. Le prostitute vengono prima dei farisei, vengono prima i pubblicani, i bambini e le donne, all'epoca non degne di alcuna considerazione. Egli vede nel ladrone sulla croce il primo degno di entrare nel suo regno. Sceglie come apostoli uomini presi da luoghi considerati peccaminosi, come il mare, senza dimenticare la scelta della Galilea, considerata una terra ai limiti del paganesimo. Sguardo diverso il suo. Coloro che hanno incontrato Gesù nella preghiera, hanno sperimentato l'intimità con Lui, sono avvolti dalla stessa sublime follia. Dare la vita per poveri, prendersi cura dei carcerati, fare spreco di generosità senza alcun ritorno economico, anzi rimettendoci di tasca propria per non parlare della salute. Costoro hanno acquisito uno sguardo diverso rispetto al modo comune di vedere, una lettura della realtà alla luce della fede, ispirata dallo Spirito Santo. La fede fa riconoscere nel crocifisso, l'uomo dei dolori che ben conosce il patire, il più bello tra i figli dell'uomo. Questo sguardo acquisito ed alimentato dalla preghiera, passa a trasformare l'etica. L'uomo allora non solo fa ciò che è giusto, ma imparando dal Misericordioso, comincia ad amare, facendo esperienza di dono gratuito fino a sperimentarne il suo vertice che giunge al perdono ed all'amore per i nemici. San Paolo ha sperimentato tutto ciò ed ha testimoniato la bellezza di una vita spesa per la luce della fede. Egli è diventato un uomo nuovo dopo essere passato dalla cecità. Anche noi possiamo esserlo se riconosciamo la nostra cecità spirituale, liberi da ogni arroganza, anche teologica, che chiude il cuore perché ha il pensiero immobilizzato su categorie cristallizzate fondate sul proprio io e sull'arroganza di vedere il giusto e sapere il bene. La preghiera alimentata dalla Parola, meditata, accolta e pregata diviene il luogo del discernimento autenticamente spirituale e della partecipazione allo sguardo di Dio sul mondo. La vera teologia, dicono gli orientali, è quella apofatica, cioè del silenzio. Si impara a conoscere Dio nel silenzio della preghiera, cuore a cuore, più che da manuali di teologia. Dietro alla speculazione assolutizzata ci può sempre essere il rischio dello gnosticismo. La preghiera è amore e chi ama non ha bisogno di parole con il proprio amato. La passione, il bene, il linguaggio dei gesti conta più di ogni concettualizzazione filosofica. Nasce una ragione nuova dalla preghiera, una ragione spirituale che, illuminando l'intelletto, sa dare ragione del bene nuovo a cui il cuore partecipa.

Questo libro vuole essere un contributo alla conoscenza di sé, alla luce della relazione con Dio. Un Dio cacciato dal cuore per paura di perdere la libertà, Dio cercato nella paura e nel bisogno, Dio come risposta alla sete infinità di felicità scritta nel cuore inquieto ed agitato per l'uomo. Sono certo che lontano da Dio l'uomo perde tutto perché, in realtà, Lui vuole donare tutto. Dio vuole la mia libertà e quella di ogni uomo. La relazione con Lui è incontro di liberazione. In Lui si viene educati. Le sue parole sono giuste, funzionano per crescere. Le giuste parole illuminano il cammino, allargano il cuore. Dio vuole noi saggi, sapienti di quel gusto del suo amore. Da Dio ci si sente amati come bambini in alcune fasi della vita, come figli oppure come fidanzati a Lui. La preghiera, la spiritualità sono il luogo dell'intimità, del cuore dove lo Spirito bacia, soffia, vivifica e rinnova. Quando si scopre l'amore non si può non seguirlo. Ci si può sentire incompresi, soli, si può piangere, si può aver paura di essere abbandonati, ma non si può far a meno di seguire Dio, anche quando non lo si vede. La spiritualità è alimentata da questi momenti. Non è forse vero che cerca la luce chi ha fatto esperienza del buio? La preghiera ha a che fare con il cammino fatto di penombre, di incertezze e di prove. Quante prove vive lo spirito umano durante le prove, ma quante consolazioni riceve. Dio permette anche il male interiore, ma libera, redime salva. Dio parla, risponde, si lamenta. Per fare esperienza di umanità dobbiamo incontrare Lui. Dio dà nome a ciò che siamo, noi diamo nome a ciò che sta, ma la vera meraviglia sta nel fatto che Dio conosce per nome. È stato bello per me scoprire che la prima lezione di catechismo è sul tema di Dio che ci chiama per nome. La meraviglia delle meraviglie sperimentata a sei anni. Per comprendere questa semplice verità ho pensato che non mi basterà una vita. Dio mi chiama per nome quando prego. Lui sa chi sono, sono opera delle sue mani. Mi porta in alto, ma proprio in questa altezza mi fa scendere nella profondità del suo cuore. Più si sale in alto e più si scende in profondità. È un po' come gli alberi, più si innalzano e più mettono radici. Innalzarsi, conoscere, sperimentare Dio, porta a scendere dentro di sé, conoscere l'uomo. La preghiera aiuta a conoscere l'altro. Dio ti permette di vedere le cose diversamente e colui verso il quale provavi rancore, dopo l'incontro con il Signore, diventa una persona che merita tutta la pietà. Dio si prende cura di noi come una madre, ma dopo permette che cadiamo, a causa dei primi passi, ed è pronto a lasciarci per permettere di camminare con le nostre gambe. Come nei primi anni i bambini vivono l'egocentrismo infantile, così Dio permette che il nostro io sia il centro di tutto, per poter scoprir dopo che Lui è tutto. L'olfatto è stato il primo senso ad essere sviluppato. Anche l'amore può dipendere dall'olfatto. La preghiera è il profumo di Dio. Gli uomini di preghiera profumano di desiderio, desiderio d'amore. Il desiderio della preghiera per te lettore mi ha spinto a scrivere questo testo. Della preghiera non si può parlare.

Ho solo balbettato cose, la preghiera è esperienza per saggio, ma è anche meraviglia per gli occhi dei bambini.

MI BACI CON I BACI DELLA SUA BOCCA

PREGHIERA E SPIRITUALITÀ: IL RESPIRO DI DIO PER L'ANIMA

Printed by Books on Demand GmbH, Norderstedt / Germany